CASOS DE MILAGROS VERDADEROS

Bellos Sucesos Inexplicables que Dejaron al Mundo sin Palabras

JOEZ ROCHE

© **Copyright 2021 – Joez Roche - Todos los derechos reservados.**

Este documento está orientado a proporcionar información exacta y confiable con respecto al tema tratado. La publicación se vende con la idea de que el editor no tiene la obligación de prestar servicios oficialmente autorizados o de otro modo calificados. Si es necesario un consejo legal o profesional, se debe consultar con un individuo practicado en la profesión.

- Tomado de una Declaración de Principios que fue aceptada y aprobada por unanimidad por un Comité del Colegio de Abogados de Estados Unidos y un Comité de Editores y Asociaciones.

De ninguna manera es legal reproducir, duplicar o transmitir cualquier parte de este documento en forma electrónica o impresa.

La grabación de esta publicación está estrictamente prohibida y no se permite el almacenamiento de este documento a menos que cuente con el permiso por escrito del editor. Todos los derechos reservados.

La información provista en este documento es considerada veraz y coherente, en el sentido de que cualquier responsabilidad, en términos de falta de atención o de otro tipo, por el uso o abuso de cualquier política, proceso o dirección contenida en el mismo, es responsabilidad absoluta y exclusiva del lector receptor. Bajo ninguna circunstancia se responsabilizará legalmente al editor por cualquier reparación, daño o pérdida monetaria como consecuencia de la información contenida en este documento, ya sea directa o indirectamente.

Los autores respectivos poseen todos los derechos de autor que no pertenecen al editor.

La información contenida en este documento se ofrece únicamente con fines informativos, y es universal como tal. La presentación de la información se realiza sin contrato y sin ningún tipo de garantía endosada.

El uso de marcas comerciales en este documento carece de consentimiento, y la publicación de la marca comercial no tiene ni el permiso ni el respaldo del propietario de la misma.

Todas las marcas comerciales dentro de este libro se usan solo para fines de aclaración y pertenecen a sus propietarios, quienes no están relacionados con este documento.

Índice

Introducción ... vii

1. Lily Groesbeck ... 1
2. Juliane Koepcke ... 5
3. Anatoli Bugorski ... 13
4. Truman Duncan ... 21
5. Mary Vincent ... 27
6. Vesna Vulovic ... 39
7. Joe Simpson ... 45
8. José Salvador Alvarenga ... 55
9. Steve Callahan ... 79
10. Anna Bågenholm ... 89
11. Harrison Okene ... 95
12. Reshma Begum ... 103
13. Danie Pienaar ... 111
14. Ada Blackjack ... 119
15. Jan Baalsrud ... 129
16. Mauro Prosperi ... 139
17. William y Simone Butler ... 153
    Conclusión ... 167
    Referencias ... 169

Introducción

Hay eventos asombrosos que le suceden a la gente sin explicación alguna. Muchas situaciones cercanas al borde de la muerte han terminado en finales felices y misterios maravillosos. Ya sea que puedas encontrar una explicación científica a ello, o no, el creer en milagros es también una forma de creer en que, de alguna manera, la bondad está siempre presente en nuestro mundo.

Las siguientes historias te mostrarán situaciones difíciles, estresantes, incluso violentas, de las que nadie esperaría obtener un resultado positivo, pero así ha sido: existen cientos de historias de supervivencia, fuerza y valentía, que podemos considerar como milagros y escoger ver el lado bueno de las cosas.

Introducción

Claro, dentro de las siguientes páginas también te presentaré algunas explicaciones posibles para aquellas historias que así lo permitan.

Desde personas que sufrieron accidentes terribles, personas atacadas o luchadores disidentes, hasta intrépidos aventureros que encontraron alguna circunstancia difícil en el camino, es lo que encontrarás en las siguientes páginas, verás que no es posible dar nada por sentado y que, a veces, hay gente que cuenta con la suerte o la bendición de ser protegidos en su camino por esta vida.

Seas creyente de los milagros o no, seguro muchas de estas historias te llenarán de esperanza y motivación, y quedarás impresionado/a ante las ganas de vivir que los siguientes personajes mostraron en su propio tiempo y espacio.

1

Lily Groesbeck

El 7 de marzo de 2015, una bebé de 18 meses fue rescatada de un vehículo volcado que se estrelló ese viernes por la noche en un río helado de Utah. Lo que llevó a los rescatistas al lugar del accidente tiene a todos rascándose la cabeza.

Lily Groesbeck viajaba con su madre de 25 años, Lynn Jennifer ("Jenny"), cuando su automóvil aparentemente chocó contra una barrera de cemento en un puente y se precipitó hacia las heladas aguas de un río en Spanish Fork, a unas 50 millas al sur de Salt Lake City, Utah. Regresaban de una visita a familiares cuando ocurrió el accidente.

. . .

Catorce horas después, un pescador vio un automóvil volcado en un terraplén rocoso y alertó a la policía y los bomberos de Spanish Fork. El lugar del accidente, aunque muy transitado, tenía una vista obstruida debido a una barrera de cemento que impedía que el automóvil fuera visto desde el puente.

Cuando las autoridades llegaron al lugar, descubrieron el cuerpo de una mujer adulta al volante de un vehículo volcado. Para su sorpresa, encontraron a una niña viva, todavía atada a un asiento de seguridad, colgando boca abajo, con la cabeza a escasos centímetros de las aguas heladas. Cómo fue que la bebé sobrevivió al accidente y la noche sin comida ni agua, vestida solo con un mono, alrededor de temperaturas cercanas al punto de congelación, es un milagro.

Pero no es el único milagro.

Cuatro policías que respondieron a la escena dijeron que fue una voz la que los condujo al accidente. Todos afirman haber escuchado a una mujer pidiendo ayuda.

Fue esta suave voz suplicante la que los guió rápidamente hasta el coche. Se apresuraron a entrar en acción, siguiendo el sonido, asumiendo que era una víctima del accidente que alertaba a los rescatistas sobre su paradero.

Los oficiales se quedaron atónitos cuando encontraron el auto: solo había dos personas en el auto destrozado. Jenny Groesbeck llevaba muerta algún tiempo, y Lily, que aún no tenía la edad suficiente para hablar, estaba viva pero inconsciente. Entonces, ¿de quién era la voz que escucharon?

El oficial de policía de Spanish Fork, Tyler Beddoes, no tiene explicación para la extraña voz o el hecho de que la bebé sobrevivió a la terrible experiencia. *"Es desgarrador. ¿Estuvo llorando la mayor parte de la noche? Es un milagro…"*

Otros tres policías dejaron constancia de la voz fantasmal. El grito de ayuda se escuchó de manera audible, lo que llevó a los rescatistas rápidamente al lugar del accidente, posiblemente justo a tiempo para salvar a la bebé Lily.

"Esa es la parte que realmente me envía a dar vueltas. No soy realmente religioso, pero eso es lo que piensas… No era solo algo que estaba en nuestras cabezas. Para mí fue tan claro como el día porque recuerdo haber escuchado una voz", dijo Beddoes. El oficial Bryan Dewitt respondió a la voz suplicante, asegurándoles que la ayuda estaba en camino: *"lo estamos intentando. Estamos haciendo todo lo posible para entrar allí".*

2

Juliane Koepcke

La historia de la supervivencia de Juliane Koepcke es materia de milagros y leyendas. Después de un trágico accidente en la víspera de Navidad de 1971, ella fue la única sobreviviente de los 91 pasajeros a bordo del vuelo 508 de LANSA. Koepcke tenía solo 17 años en ese momento, pero logró sobrevivir por su cuenta en la selva peruana durante 11 días, antes de ser rescatada.

La pregunta en la mente de todos es siempre la misma: *¿cómo?* Aunque una respuesta definitiva puede exceder nuestro alcance de la suerte y las circunstancias, vale la pena analizar tanto la educación de Koepcke como el vuelo en sí.

. . .

Juliane y su madre María viajaban de regreso de una ceremonia de graduación a Panguana, un área de investigación en la que trabajaba su madre. Debido a la época del año, la mayoría de los vuelos ya estaban reservados, dejando a María con algunos vuelos de repuesto para elegir ofrecidos por Líneas Aéreas Nacionales SA (LANSA). Hans-Wilhelm, su esposo, le había advertido que no reservara un vuelo con LANSA, una aerolínea conocida por ser menos que estelar.

Todo era normal y rutinario cuando el avión despegó. Sin embargo, aproximadamente a la media hora de vuelo, la aeronave intentó atravesar una tormenta turbulenta inesperada y fue alcanzada por un rayo. Más tarde, Koepcke transmitió la experiencia al programa Outlook del Servicio Mundial de la BBC, recordando las últimas palabras de su madre: *"Mi madre dijo con mucha calma: 'Ese es el final, se acabó'"*.

El avión cayó en picada y fue destrozado por la tormenta, los pasajeros gritaron mientras caían libremente a unas dos millas sobre la selva peruana. Justo antes de que Koepcke se desmayara, recuerda estar fuera del avión, el horrible ruido del choque silenciado, con solo el sonido del viento pasando por sus oídos.

Todavía estaba atada a su asiento, que colgaba boca

abajo. Y luego vino la caída de 9,843 pies a la selva tropical de abajo.

Cuando se despertó, su primer pensamiento fue, naturalmente, *"sobreviví a un accidente aéreo"*. Pero más tarde pensaría en cómo debió haber sobrevivido, creyendo que definitivamente estaba atada al asiento mientras caía: *"debe haber girado y amortiguado el choque; de lo contrario, no habría sobrevivido"*.

En este punto, la historia de su supervivencia ya sería un milagro, pero se complica aún más. Juliane Koepcke tenía 17 años y estaba a punto de afrontar la infranqueable tarea de sobrevivir en la selva tropical no por uno o dos días, sino por 11 largos días.

Antes del accidente, Juliane había pasado un año y medio con sus padres en la estación de investigación dentro de la que trabajaban, a solo 30 millas de distancia. Ahí, la chica aprendió mucho sobre la vida en la selva tropical, que no era demasiado peligrosa, a sus palabras: *"no es el infierno verde que el mundo siempre piensa"*.

Quizás el ingenio y el conocimiento de este ecosistema, que obtuvo de la estación de sus padres en Perú, ayudaron en su capacidad para arreglárselas por el terreno, así como para mantener la calma y atender sus heridas y su dañado estado mental después de una experiencia tan terrible. Su comprensión de la selva se activó y, habiendo perdido sus anteojos en el accidente, usó su único zapato para probar el área en busca de serpientes y otros posibles peligros.

A pesar de una clavícula rota y algunos cortes severos en sus piernas, incluido un ligamento desgarrado en una de sus rodillas, todavía podía caminar. Antes que nada, sabía que necesitaba encontrar a su madre, viva o muerta. Koepcke buscó entre los árboles el lugar del accidente, y después de gastar la energía que tanto necesitaba, encontró los restos quemados del avión.

Aunque se podían escuchar otros aviones desde arriba, la densidad del dosel de los árboles le impedía hacer contacto, y mucho menos avistar la fuente. En el lugar del accidente, encontró una bolsa de dulces que racionó como principal medio de alimentación durante su supervivencia.

Finalmente, encontró agua, un arroyo, y decidió atravesarlo, sabiendo lo suficientemente bien que era más seguro dentro del agua que afuera. Vadeando el arroyo que le llegaba hasta las rodillas, Koepcke hizo lo que su padre la había educado: ir río abajo conduciría a la civilización.

"Hacía mucho calor y mucha humedad y llovía varias veces al día. Pero hacía frío por la noche y estar solo con ese minivestido era muy difícil", cuenta Juliane. Los efectos del clima estaban afectando su cuerpo, y la chica no tardaría en sucumbir al delirio. Al cuarto día, reconoció el sonido de un buitre real, ave que se alimenta de cadáveres y carroña, otro hecho que aprendió de sus padres. El avistamiento del buitre le provocó miedo, porque donde había buitres, posiblemente podría haber cadáveres del choque.

Koepcke siguió al buitre y descubrió a tres pasajeros que estaban de cabeza en la tierra, todavía unidos al asiento de avión. Era la primera vez que veía un cadáver y esto la paralizaba de miedo. Preocupada de que uno de ellos pudiera ser su madre, revisó los cuerpos. Pero no vio a su madre.

Diez días después, su delirio finalmente había comenzado, al igual que una debilidad paralizante, dejándola incapaz de hacer nada más que flotar por el agua. Una herida en su brazo derecho se infestó con gusanos. Para atender la herida, succionó gasolina de un bote encallado que descubrió cerca de un pequeño refugio (que en ese momento pensó que era un espejismo), y la vertió en la herida. Los gusanos se retorcieron y se retorcieron, luchando por cavar más profundamente en la herida. Koepcke podía sentir cómo se movían.

Pasó la noche allí en el pequeño bote, sobre todo porque no quería robarlo. Por la mañana, un pescador la encontró y la llevó al pueblo más cercano. Al día siguiente, la llevaron en avión desde el pueblo a un hospital donde se reunió con su padre.

Utilizando su testimonio, las autoridades pudieron recuperar gran parte de los restos del naufragio. Unos días después, recuperaron el cuerpo de su madre. Resultó que María también había sobrevivido al accidente, pero al estar demasiado herida para moverse, sucumbió a sus heridas unos días después.

Koepcke siguió los pasos de sus padres, estudió biología y regresó a Perú para realizar investigaciones sobre mastozoología. Sus experiencias fueron documentadas en la película *Miracles Still Happen* de 1974, del cineasta italiano Giuseppe Maria Scotese. Los desgarradores acontecimientos llamaron la atención de cineastas como Werner Herzog, quien habría tomado el mismo vuelo que Koepcke mientras buscaba lugares para una de sus películas, pero todo se redujo a un repentino cambio de itinerario de último minuto.

Juliane ha declarado que la persigue el pensamiento de '*¿por qué fui la única superviviente?*', y que le parece que así será por siempre. Muchos han especulado que su supervivencia tuvo mucho que ver con el asiento, el paracaídas y su ubicación en el avión. Aunque se puede especular sobre el accidente en sí, no puede disminuir la importancia de la destreza de Koepcke en la selva tropical, exhibiendo su fuerza y valentía como sobreviviente en la búsqueda de la civilización.

3

Anatoli Bugorski

¿Qué pasaría si metieras tu cuerpo dentro de un acelerador de partículas? El escenario parece el comienzo de un mal cómic de Marvel, pero arroja luz sobre nuestras intuiciones sobre la radiación, la vulnerabilidad del cuerpo humano y la naturaleza misma de la materia.

Los aceleradores de partículas permiten a los físicos estudiar partículas subatómicas al acelerarlas en poderosos campos magnéticos y luego rastrear las interacciones que resultan de las colisiones. Al profundizar en los misterios del universo, los colisionadores han entrado en el *zeitgeist* y han aprovechado las maravillas y los temores de nuestra época.

. . .

Ya en 2008, el Gran Colisionador de Hadrones (LHC, por sus siglas en inglés), operado por la Organización Europea para la Investigación Nuclear (CERN, por sus siglas en inglés), fue encargado de crear agujeros negros microscópicos que permitirían a los físicos detectar dimensiones adicionales. Para muchos, esto suena como la trama de una película de ciencia ficción desastrosa. No fue una sorpresa cuando dos personas presentaron una demanda para detener el funcionamiento del LHC, para que no produjera un agujero negro lo suficientemente poderoso como para destruir el mundo, pero los físicos argumentaron que la idea era absurda y la demanda fue rechazada.

Luego, en 2012, el **LHC** detectó el *bosón de Higgs* buscado durante mucho tiempo, una partícula necesaria para explicar cómo las partículas adquieren masa.

Con ese gran logro, el **LHC** entró en la cultura popular, apareció en la portada del álbum *Super Collider* (2013) por la banda de heavy metal *Megadeth*, y fue un punto de la trama en la serie de televisión estadounidense *The Flash* (2014-).

Sin embargo, a pesar de sus logros y glamour, el mundo de la física de partículas es tan abstracto que pocos comprenden sus implicaciones, significado o uso. A diferencia de una sonda de la NASA enviada a Marte, la investigación del CERN no produce imágenes impresionantes y tangibles. En cambio, el estudio de la física de partículas se describe mejor mediante ecuaciones de pizarra y líneas onduladas llamadas diagramas de Feynman. Aage Bohr, el premio Nobel cuyo padre Niels inventó el modelo de Bohr del átomo, y su colega Ole Ulfbeck han llegado incluso a negar la existencia física de partículas subatómicas como algo más que modelos matemáticos.

Lo que nos devuelve a nuestra pregunta original: ¿qué sucede cuando un rayo de partículas subatómicas que viaja a casi la velocidad de la luz se encuentra con la carne del cuerpo humano? Quizás porque los reinos de la física y la biología de partículas están conceptualmente tan alejados, no solo los laicos carecen de la intuición para responder a esta pregunta, sino también algunos físicos profesionales.

Estos experimentos mentales pueden ser herramientas útiles para explorar situaciones que no se pueden estudiar en el laboratorio. Sin embargo, en ocasiones, los accidentes desafortunados producen estudios de casos: oportunidades para que los investigadores estudien escenarios que no pueden inducirse experimentalmente por razones éticas. Los estudios de caso tienen un tamaño de muestra de uno y ningún grupo de control.

Pero, como ha señalado el neurocientífico V.S. Ramachandran en *Phantoms in the Brain* (1998), solo hace falta un cerdo parlante para demostrar que los cerdos pueden hablar.

El 13 de septiembre de 1848, por ejemplo, una barra de hierro atravesó la cabeza del trabajador ferroviario estadounidense Phineas Gage y cambió profundamente su personalidad, ofreciendo evidencia temprana de una base biológica para la personalidad.

Y el 13 de julio de 1978, un científico soviético llamado Anatoli Bugorski metió la cabeza en un acelerador de partículas.

En ese fatídico día, Bugorski estaba revisando el equipo que funcionaba mal en el *sincrotrón U-70*, el acelerador de partículas más grande de la Unión Soviética, cuando un mecanismo de seguridad falló y un rayo de protones que viajaba casi a la velocidad de la luz pasó directamente por su cabeza, al estilo de Phineas Gage.

. . .

Es posible que, en ese momento de la historia, ningún otro ser humano haya experimentado un rayo de radiación enfocado a una energía tan alta. Aunque la terapia de protones, un tratamiento contra el cáncer que utiliza rayos de protones para destruir tumores, fue pionera antes del accidente de Bugorski, la energía de estos rayos generalmente no supera los 250 millones de electronvoltios (una unidad de energía utilizada para partículas pequeñas). Bugorski podría haber experimentado la ira total de un rayo con más de 300 veces esta cantidad de energía, 76 mil millones de electronvoltios.

La radiación de protones es una bestia realmente rara. Los protones del viento solar y los rayos cósmicos son detenidos por la atmósfera de la Tierra, y la radiación de protones es tan rara en la desintegración radiactiva que no se observó hasta 1970.

Las amenazas más conocidas, como los fotones ultravioletas y las partículas alfa, no penetran en el cuerpo más allá de la piel a menos que se ingiera una fuente radiactiva.

El disidente ruso Alexander Litvinenko, por ejemplo, fue asesinado por partículas alfa que ni siquiera penetran el papel cuando, sin saberlo, ingirió polonio-210 radiactivo liberado por un asesino. Pero cuando los astronautas del Apolo, protegidos por trajes espaciales, fueron expuestos a rayos cósmicos que contienen protones y formas de radiación aún más exóticas, informaron destellos de luz visual, un presagio de lo que daría la bienvenida a Bugorski en el fatídico día de su accidente.

Según una entrevista en la revista Wired en 1997, Bugorski vio inmediatamente un intenso destello de luz, pero no sintió dolor. El joven científico fue llevado a una clínica en Moscú con la mitad de la cara hinchada y los médicos esperaban lo peor: las partículas de radiación ionizante, como los protones, causan estragos en el cuerpo al romper los enlaces químicos en el ADN.

Este asalto a la programación genética de una célula puede matarla, evitar que se divida o inducir una mutación cancerosa.

Las células que se dividen rápidamente, como las células madre de la médula ósea, son las que más sufren. Debido a que las células sanguíneas se producen en la médula ósea, por ejemplo, muchos casos de intoxicación por radiación resultan en infección y anemia por pérdida de glóbulos blancos y glóbulos rojos, respectivamente. Pero, exclusivamente en el caso de Bugorski, la radiación se concentró a lo largo de un haz estrecho a través de la cabeza, en lugar de distribuirse ampliamente por la lluvia radiactiva, como fue el caso de muchas víctimas del desastre de Chernobyl o del bombardeo de Hiroshima.

Para Bugorski, los tejidos particularmente vulnerables, como la médula ósea y el tracto gastrointestinal, podrían haberse salvado en gran medida. Pero donde el rayo atravesó la cabeza de Bugorski, depositó una cantidad obscena de energía de radiación, cientos de veces mayor que una dosis letal según algunas estimaciones.

Y, sin embargo, Bugorski todavía está vivo hoy. La mitad de su rostro está paralizado, lo que le da a un hemisferio de su cabeza una apariencia extrañamente joven. Se informa que es sordo de un oído. Sufrió al menos seis convulsiones tónico-clónicas generalizadas, comúnmente conocidas como convulsiones de gran mal; estas son las convulsiones que se describen con mayor frecuencia en el cine y la televisión, que involucran convulsiones y pérdida del conocimiento.

La epilepsia de Bugorski es probablemente el resultado de la cicatrización del tejido cerebral dejada por el haz de protones. También lo ha dejado con convulsiones de pequeño mal o ausencia, episodios de mirada mucho menos dramáticos durante los cuales la conciencia se interrumpe brevemente. No hay informes de que Bugorski haya sido diagnosticado con cáncer, aunque a menudo es una consecuencia a largo plazo de la exposición a la radiación.

A pesar de que nada menos que un rayo acelerador de partículas atravesó su cerebro, el intelecto de Bugorski permaneció intacto y completó con éxito su doctorado después del accidente.

Bugorski sobrevivió a su accidente, y por más aterrador o asombroso que pueda ser el interior de un acelerador de partículas, este caso puede ser considerado por algunos como un verdadero milagro.

4

Truman Duncan

TRUMAN DUNCAN DEBERÍA ESTAR MUERTO: la mayoría de la gente no sobrevive al atropello de un tren, pero Duncan sí. En junio de 2006, Duncan estaba trabajando en su jornada dentro de los patios ferroviarios de Cleburne, Texas, cuando resbaló y cayó sobre las vías mientras viajaba en la parte delantera de un vagón de tren que se dirigía hacia un muelle de reparación.

"Me caí", dijo el hombre de 38 años. *"En ese momento comencé a correr hacia atrás, ya sabes, obviamente lo más rápido que pude, y traté de dejarlo atrás. No lo logré"*. Duncan fue arrastrado debajo del vagón, sus ruedas chirriaron constantemente debajo.

. . .

A su parecer, era sentir a un monstruo del que no le era posible alejarse, sentía que lo tiraban hacia adentro y a la vez lo alejaban de todo, y entonces... su cuerpo fue cortado en dos.

Cuando el vagón se detuvo, Duncan había sido arrastrado 75 pies. La parte inferior de su cuerpo todavía estaba enredada en las ruedas del tren, y estaba cortado casi por la mitad en la cintura, con una pierna unida por un solo músculo. De acuerdo con testimonios de Duncan, el dolor era muy severo a un momento, y luego parecía como si no estuviera allí: *"creo que algo más entra en acción y luego intentas hacer las cosas necesarias para mantenerte con vida"*.

Duncan sabía que tenía que luchar para mantenerse con vida, ya que, si se quedaba ahí y esperaba, eventualmente iba a morir. Por otro lado, si se mantenía despierto y se aseguraba de recibir ayuda, entonces existía la posibilidad de poder vivir. Fue así que se dio cuenta de que su teléfono probablemente seguía en la bolsa de su cadera.

Duncan pudo comunicarse con su teléfono celular y llamar al 911. Mientras las ambulancias y los médicos corrían hacia el patio de trenes, hizo una llamada más: a su familia. *"Llamé y hablé con ellos. Y comencé a enojarme, y entonces fue cuando cerré el teléfono y lo puse a un lado y comencé a tratar de sobrevivir"*, dijo.

Duncan dijo que se aferraba a los pensamientos sobre su esposa, su hija y su hijo. De repente, comenzaba a sentirse somnoliento, el hombre se preparaba para dormir, y todo comenzaba a quedarse en silencio. Sin embargo, a sus palabras: *"me sentí un poco como si me fuera a ir, y cuando lo sentí, fue entonces cuando me acerqué y agarré el tren, me levanté y comencé a pelear de nuevo"*.

Cincuenta millas al norte, en Forth Worth, los paramédicos de helicópteros James Bailey y Teresa Campbell recibieron la llamada para ir a Cleburne. Tenían pocas esperanzas de que Duncan se salvara, ya que no parecía humanamente posible ser cortado por la mitad por un vagón de tren y seguir vivo para sobrevivir a esa lesión. Así que cuando llegaron a la escena y lo encontraron atrapado debajo de las ruedas del tren, les sorprendió inmensamente encontrarlo despierto y hablando.

A los paramédicos les parecía que las probabilidades de supervivencia de Duncan eran de un millón a uno. Consciente de que cada segundo contaba, un equipo trabajó frenéticamente para levantar el vagón con bolsas de aire para liberar al hombre.

. . .

A pesar de perder más de la mitad de la sangre en su cuerpo, Duncan aún estaba vivo cuando el helicóptero despegó hacia el *Texas Health Hospital* en Fort Worth, 62 minutos después del accidente. Lo llevaron de urgencia a la unidad de trauma, donde el Dr. David Smith hizo un balance de las asombrosas lesiones de Duncan. Ahí, se dieron cuenta de que su cuerpo fue reducido a literalmente una capa de tejido celular entre su contenido abdominal, sus intestinos y el mundo exterior.

Duncan soportó 23 cirugías durante las siguientes seis semanas, asombrando a los médicos no solo con su fuerza física sino también con su coraje mental, ya que mantenía sobre todas las cosas la voluntad por vivir.

El Dr. Kenneth Kamler, cirujano y aventurero que ha explorado el Amazonas y escalado el Monte Everest, dijo que ha visto a personas sobrevivir a heridas increíbles en algunas de las condiciones más extremas de la Tierra. Esto porque el cuerpo humano tiene una habilidad muy sutil pero extremadamente poderosa para sofocar el dolor cuando es necesario sofocarlo para sobrevivir. Tu cerebro está dirigiendo todo su poder para que sobrevivas.

Kamler dijo que ese tipo de voluntad es algo increíblemente poderoso. La voluntad de vivir es primordial para sobrevivir en una situación desesperada, y esto es lo que marca la diferencia entre la vida y la muerte para muchas, muchas personas.

La pierna izquierda de Duncan fue amputada a la altura de la cadera y la pierna derecha fue amputada por encima de la rodilla. El hombre espera explorar pronto la posibilidad de obtener prótesis. Hoy, Duncan tiene un trabajo de oficina en el patio de ferrocarriles y es una inspiración para todos los que lo vieron ese día de junio: una prueba viviente de que los seres humanos pueden vencer probabilidades imposibles. Para él, ese día, el sobrevivir fue un verdadero milagro.

5

Mary Vincent

En 1978, Mary Vincent, de 15 años, hizo autostop desde Las Vegas a California. Se subió a una camioneta y Lawrence Singleton, de 50 años, atacó, violó y desmembró a la adolescente antes de dejarla tirada en la carretera, dada por muerta. Vincent logró sobrevivir al intento de asesinato y obtener ayuda de una pareja cercana. Después de recibir nuevos brazos protésicos para los apéndices que Singleton había cortado, Vincent se dirigió a él como su atacante a los tribunales.

Aunque el hombre fue declarado culpable, el sistema penal liberó a Singleton menos de una década después, pero no antes de que intentara demandar a Vincent por robo.

Los tribunales desestimaron rápidamente su caso

infundado. A pesar del extenso trauma físico y mental de Vincent, ella testificó contra Singleton por segunda vez años después.

Después de su liberación de prisión, Singleton mató a una mujer en Florida. En 2001, con la ayuda del testimonio de Vincent, Singleton recibió la pena de muerte por el asesinato. Más que una advertencia de hacer autostop, la historia de Vincent ilustra la resistencia de una adolescente que sobrevivió a la tortura y se enfrentó a su atacante.

Vincent creció en Las Vegas y sus padres trabajaban para los casinos: su madre como comerciante y su padre como reparador de máquinas. Mary solía faltar por días a la escuela y de vez en cuando se marchaba con su novio. La joven pareja vivió junta durante un verano en Sausalito, California, hasta que las autoridades lo detuvieron a él por cargos de violación.

Vincent regresó a Las Vegas, pero se escapó en septiembre de 1978 y se dirigió a California para visitar a su abuelo en Corona, California.
Vincent había pasado el verano durmiendo en el auto de su novio y no dudó en hacer autostop para cruzar el estado.

. . .

Lawrence Singleton redujo la velocidad de su camioneta para recoger a Mary Vincent en Berkeley, CA, en la mañana del 29 de septiembre de 1978. Singleton era un marinero mercante de oficio y, al encontrar a Vincent, le dijo con una sonrisa amable que tenía una hija que recién había cumplido su misma edad.

También le dijo que se dirigía a Reno, pero que felizmente cambiaría de rumbo para llevarla a Los Ángeles. Su destino, Corona, CA, estaba en las afueras de la ciudad, e inicialmente aceptó su comportamiento de hombre de familia.

A pesar de su fachada, se dice que Singleton, de mediana edad, tenía mal genio y era un hombre sumamente misógino. Su segunda esposa se había divorciado recientemente de él, y su relación con su hija adolescente era tensa, ya que habían peleado a principios de ese año y nunca se reconciliaron.

En el pasado, había sido condenado por contribuir en actos delictivos hacia un menor y tenía antecedentes de abuso de alcohol. Vincent no se dio cuenta de la inestabilidad de Singleton y se subió a su camioneta.

. . .

Cuando Vincent encendió su cigarrillo poco después de aceptar el viaje, ella estornudó y Singleton se acercó para palpar su cuello y le preguntó si estaba enferma. A Vincent no le gustó el contacto físico y se alejó de su alcance, pero pronto se quedó dormida cuando el hombre no intentó nada más. Incluso se ofreció a ayudarlo a llevar algo de ropa sucia en una parada en el camino antes de cabecear, sin pensar que algo andaba mal.

Cuando se despertó, se dio cuenta de que estaban fuera de curso y conducían de regreso a Nevada. Asustada y enojada, encontró un palo afilado en el auto y apuntó a Singleton. Ella le exigió que le diera la vuelta a la camioneta y la llevara a donde se dirigía. Singleton asintió y se disculpó con calma, asegurando a la adolescente que era "solo un hombre honesto que cometió un error". Vincent creyó que estaba arrepentido y el viaje continuó.

Singleton detuvo la camioneta para ir al baño, así que Vincent salió para estirar las piernas. Cuando se inclinó para atarse el zapato, Singleton la sorprendió y la golpeó en la parte posterior de la cabeza, golpeándola hasta que cayó. El hombre la obligó a practicarle sexo oral o, de lo contrario, moriría. Luego la arrastró a la parte trasera de la camioneta y la violó. Le dijo que no gritara o la mataría y que le obedeciera si quería vivir.

Luego le ató las manos detrás de ella y condujo un rato. Finalmente, se detuvo, le cortó las manos y le ordenó que bebiera un poco de alcohol desconocido de una jarra de plástico. Aturdida y confundida, Vincent fue violada repetidamente hasta que se desmayó.

Cuando Vincent recuperó la conciencia, Singleton todavía estaba allí. Le ordenó que se tumbara al borde de la carretera y ella le suplicó que la dejara libre.

Comenzó a decir: "*¿Quieres ser libre? Yo te liberaré*", mientras se dirigía a la camioneta a buscar algo. Regresó con un hacha. Mary luchó cuando Singleton la sujetó y le cortó el brazo derecho. Ella gritó mientras él pasaba al otro brazo, cortándolo justo debajo del codo.

Luego empujó a la chica desnuda y sangrando por un terraplén hasta una alcantarilla. La metió en una tubería de hormigón y le dijo: "*Está bien, ahora eres libre*". La dejó allí, inconsciente y al borde de la muerte.

Cuando Vincent recuperó la conciencia, ella estaba en un estado terrible. Estaba al fondo de un barranco, sangrando profusamente, sola y desnuda. Reunió la fuerza para ponerse de pie y caminar tres millas fuera de la alcantarilla, que luego descubrió que era el Cañón del Puerto. Siguió los sonidos de la autopista cercana y levantó los brazos para mantener el sangrado al mínimo.

Al llegar a la autopista, las primeras personas que la vieron se alejaron con miedo. Una segunda pareja, que había estado viajando de vacaciones, se detuvo para ayudarla. La envolvieron en sábanas de su automóvil antes de llevarla a un aeropuerto cercano. Allí, llamaron a una ambulancia. Todo lo que pudo decir fue: "*Me violó*".

Después del ataque, Vincent, de 15 años, fue resistente y proporcionó a las fuerzas del orden una descripción tan detallada de su atacante que la gente reconoció de inmediato el dibujo de la policía. Durante su recuperación, los especialistas le colocaron prótesis a Vincent y ella regresó a la escuela, adaptándose a su nueva discapacidad. Cuando las autoridades detuvieron a Singleton, Vincent testificó en su contra, insistiendo en que Mary era una prostituta y alegando que no había cometido el crimen. También sostuvo que alguien más había estado en el auto y ella lo había amenazado con acusaciones falsas.

. . .

A pesar de todo lo que dijo Singleton, Vincent se paró frente a la corte y le apuntó con uno de sus brazos protésicos en forma de gancho. La muchacha solo se refería a Singleton como "mi atacante", y ella declaró con voz firme que él le había causado tanto daño. Años más tarde, cuando la policía de Florida arrestó a Singleton por otro crimen, Mary volvió a testificar inquebrantablemente.

Las autoridades tenían pruebas abrumadoras contra Singleton y lo condenaron por múltiples cargos, incluidos secuestro, intento de asesinato y violación.

Mary abandonó rápidamente la sala del tribunal después de que Singleton le hiciera un comentario en voz baja. Más tarde admitió que le había dicho: *"Terminaré este trabajo, si me lleva el resto de mi vida"*.

La chica estaba aterrorizada. En casa, tenía problemas con su familia y se sentía aislada en su escuela especializada para discapacitados. Se mudó tan pronto como se graduó y se volvió reservada sobre su vida y su ubicación. Traumatizada y deprimida, Vincent se volvió anoréxica, tuvo problemas para salir de la casa y vio que muchas de sus relaciones cercanas se desmoronaban. Terminó viviendo con miedo durante años.

. . .

Después de cumplir solo ocho años y cuatro meses de condena, San Quentin liberó a Lawrence Singleton porque había sido un prisionero modelo.

El público expresó una indignación masiva contra esta indulgencia. El prisionero sin remordimientos todavía afirmaba que era inocente y que nunca había violado o desmembrado a Mary.

Las ciudades de California se negaron a permitirle mudarse o vivir allí, aislándolo y haciendo que no pudiera reincorporarse a la sociedad como estaba previsto. Singleton terminó pasando su libertad condicional en un tráiler en los terrenos de San Quentin, bajo toque de queda y vigilancia de guardias. Se unió a Alcohólicos Anónimos y afirmó que estaba sobrio. Mientras tanto, Mary permaneció escondida.

Singleton sintió que él era la víctima del ataque contra Mary y decidió demandarla. Mientras estuvo en la cárcel, afirmó que consideró los presuntos hechos y sabía que no era culpable. Dijo que recordaba a la chica amenazándolo con acusarlo de violación y que ella le había blandido un palo. Decidió que esta era la razón por la que se había vuelto violento, manteniendo el maltrato de los tribunales. Presentó una denuncia, demandando a Vincent por "secuestro forzoso con fines de robo".

Fingió simpatía por Mary, alegando que casi vomitó tres veces y no pudo dormir durante varias noches después de la presentación. Esta demanda nunca ganó terreno y los tribunales la desestimaron.

Mary Vincent no era la única que temía a Singleton. Su propia hija, Debra, habló extensamente sobre la naturaleza de su padre y cómo era él como padre. Cuando se enteró de que estaba saliendo de la cárcel, también huyó y se escondió, preguntando a la policía si había alguna forma de mantenerlo tras las rejas por más tiempo.

Teniendo en cuenta cómo había utilizado su condición de padre para atraer a Mary a su coche, tenía sentido.

En sus propias palabras:
Le pregunté al personal de la prisión de California qué se podía hacer para retenerlo más tiempo y me dijeron que no había nada que hacer. Sugirieron que obtuviera una orden de restricción en el momento de su liberación. Lo siento, pero lo digo con bastante sarcasmo ... Les digo que es un peligro, lo dije antes del primer crimen. He cambiado mi nombre varias veces y me estoy moviendo a

través de las fronteras estatales ... Y todos ustedes sugieren una hoja de papel que le dirá exactamente dónde estoy, cuál es mi nombre, y que no debe entrar, digamos a 300 pies de mí.

Las preocupaciones de Debra eran válidas, ya que su padre continuó cometiendo delitos contra mujeres después de su liberación. Al encontrar California menos acogedora, Singleton se mudó de regreso a su estado natal de Florida, donde fue arrestado en 1990 por hurto menor. Fue sentenciado a dos años, pero solo cumplió una fracción del tiempo.

En 1997, después de su liberación, atrajo a una joven prostituta llamada Roxanne Hayes a su casa, donde la atacó. Los vecinos llamaron a la policía al escuchar el ruido. Cuando llegó la policía, encontraron a Singleton cubierto de sangre con el cuerpo de Hayes tirado en el suelo, muerto. La madre de tres había sido apuñalada varias veces en el torso.

Esta vez, fue declarado culpable de asesinato y condenado a muerte. Murió en 2001 en el corredor de la muerte, lo que finalmente le dio a Mary una sensación de cierre. Sin embargo, su liberación anterior mientras cumplía la condena por violar y desmembrar a la chica dejó ira y tristeza en aquellos que pensaban que el asesinato de Hayes podría haberse evitado.

Cuando Mary Vincent era niña, quería ser bailarina. Después del ataque de Singleton, su pierna tuvo que usarse para reconstruir sus brazos. Esta realidad puso fin a sus sueños infantiles de bailar. Años después de su recuperación, Vincent se casó, pero luego se divorció.

Su trauma le había causado años de estrés y depresión.

Finalmente, se convirtió en madre de dos niños. A partir de ahí, su vida comenzó a cambiar para mejor.

Comenzó a sanar y a establecer relaciones cercanas a medida que su nueva familia se convirtió en su vida.

Vincent también comenzó a pintar, dibujar y dibujar.

El arte le ha traído alegría, así como una nueva dirección para su vida. Algunas de sus obras están valoradas en $2,000 o más. Está feliz de haber superado en su mayoría la etiqueta que se le asignó mientras Singleton todavía estaba vivo.

Como ella dice: *"La mayoría de la gente me conoce por quién soy, no solo por lo que me pasó... Simplemente asumen que nací de esta manera"*.

No sólo el haber sobrevivido, pero la recuperación tan merecida que ha tenido ante este traumático suceso, hacen pensar a todos que algo la ha cuidado, y que su valentía misma es un milagro.

6

Vesna Vulovic

El 26 de enero de 1972, una asistente de vuelo de 22 años llamada Vesna Vulovic no estaba donde se suponía que debía estar. Viajaba a 33,330 pies sobre Checoslovaquia (ahora República Checa) en un avión DC-9, pero su horario se había mezclado con el de otra azafata llamada Vesna, y posteriormente la colocaron en el vuelo equivocado.

Vesna estaba feliz por el error, ya que le brindó la oportunidad de ver Dinamarca y alojarse en un hotel Sheraton, algo que siempre había soñado con hacer. Pero la confusión no fue tan fortuita como parecía.

Un grupo terrorista conocido como Ustashe había colocado un poderoso explosivo en este avión en particular. El

Ustashe era un grupo nazi/fascista de extrema derecha en Croacia que estuvo implicado en más de dos docenas de ataques terroristas contra Yugoslavia después de la Segunda Guerra Mundial. El vuelo de Vesna, el vuelo JAT Yugoslav 364, se realizó con una aerolínea con base en Yugoslavia.

Al pasar sobre la ciudad de Srbska-Kamenice, el artefacto explosivo detonó. El DC-9 se rompió en pedazos, y los restos del avión, junto con sus 28 pasajeros, cayeron por el cielo durante tres largos minutos antes de chocar contra una ladera congelada.

Un hombre alemán, al llegar al lugar del accidente, encontró a todos los pasajeros del avión muertos, excepto uno. Vesna estaba medio tirada fuera del avión, con el cuerpo de otro miembro de la tripulación encima de ella y un carrito de servicio clavado contra su columna vertebral. El hombre había sido médico en la Segunda Guerra Mundial e hizo lo que pudo por ella hasta que llegó más ayuda.

En el hospital, les dijeron a sus padres que, aunque todavía había vida en su cuerpo, no sobreviviría. Su cráneo estaba roto y tenía hemorragia, ambas piernas estaban rotas y tenía tres vértebras aplastadas. Pero tres días después, se despertó del coma y pidió un cigarrillo.

Vesna estaba paralizada de cintura para abajo, pero estaba viva y consciente. Dos semanas después del accidente, su médico le contó lo sucedido y le dio un periódico para que leyera la historia, pero el recuerdo de este hecho se le escaparía, como todo desde una hora antes del accidente hasta un mes después, debido a amnesia.

Posteriormente, se sometió a una cirugía que le devolvió el movimiento a la pierna izquierda y, un mes después, recuperó el movimiento de la pierna derecha. Finalmente, pudo caminar de nuevo.

En septiembre siguiente, estaba ansiosa por volver a trabajar, pero para evitar la mala publicidad, la aerolínea le dio un trabajo de escritorio. Ella nunca sufrió ningún trauma psicológico como resultado del incidente y nunca experimentó ningún miedo a volar.

Ella todavía vuela con cierta regularidad y tiene una filosofía de vida positiva, afirmando: "*Creo que somos dueños de nuestras vidas, tenemos todas las cartas y depende de nosotros usarlas correctamente*".

. . .

Lo más probable es que su buena suerte al sobrevivir al accidente se debiera a su presión arterial baja, lo que provocó que se desmayara rápidamente y evitó que su corazón estallara. Pero a pesar de su actitud positiva ante la vida, Vesna no se considera afortunada. Treinta años después del accidente, le dijo a Philip Baum en una entrevista: *"No tengo suerte. Todo el mundo piensa que tengo suerte, pero se equivocan. Si tuviera suerte, nunca habría tenido este accidente y mi madre y mi padre estarían vivos. El accidente también les arruinó la vida"*.

Es un punto válido, en la misma línea que argumentar que el evento no fue un "milagro", dado que hubo 27 personas que no sobrevivieron. La afirmación de que "podría ser peor" es un pequeño consuelo para el pragmático, porque ciertamente, también podría ser mucho mejor.

Vesna logró el récord mundial Guinness de la caída más alta sobrevivida sin paracaídas, a 33,330 pies. Años después, en 2009, un grupo de periodistas alemanes y checos publicó un informe alegando que el vuelo 364 de JAT Yugoslav no fue destruido por un ataque terrorista. Basándose en revisiones de informes contemporáneos, documentos recientemente disponibles y relatos de testigos presenciales, los investigadores concluyeron que era "extremadamente probable" que el avión fuera confundido con un avión enemigo y derribado por un caza MiG de la fuerza aérea checoslovaca.

Los expertos militares checos descartan el informe como una teoría de la conspiración, señalando que cientos de soldados habrían sabido la verdad, pero ninguno se ha presentado en las décadas intermedias.

Además, la Fuerza Aérea de Alemania Occidental habría detectado los aviones de combate interceptores.

Lamentablemente, el 28 de diciembre de 2016, Vesna Vulovic falleció.

7

Joe Simpson

¿QUÉ IMPULSA a una persona a sobrevivir cuando toda esperanza se ha ido? Este escalador vivió para contar y su desgarradora historia sigue siendo igual de poderosa 35 años después. Primero fue el material del folclore: un cuento sobre dos escaladores británicos, Joe Simpson de 25 años y Simon Yates de 21, quienes, en 1985, se convirtieron en las primeras personas en escalar la cara oeste de los 6.344 m de Siula Grande en los Andes peruanos. Fue un momento de triunfo que rápidamente se convirtió en una pesadilla viviente.

En el descenso, Simpson se precipitó por un acantilado de hielo y se rompió la pierna.

. . .

Al caer la noche, y con una tormenta acercándose rápidamente, se vieron obligados a continuar en la oscuridad, separados por solo 45 metros de cuerda y sin forma de comunicarse. Cuando el herido Simpson fue arrastrado inadvertidamente por un acantilado, Yates aguantó durante más de una hora antes de tomar una decisión devastadora: cortó la cuerda y envió a su compañero a una muerte segura.

Pero Simpson sobrevivió y cuatro días después se arrastró hasta el campamento base. Tres años después de eso, dio su versión en un libro altamente vendido, *Touching the Void*, que se adaptó a un documental en 2003 y una obra de teatro en 2018. Es un caso de estudio sorprendente de un hombre que se enfrenta a la muerte, pero que es absolutamente un sobreviviente.

Simpson afirma que, en el lugar de Simon, sin duda habría cortado la cuerda, y que la única crítica que tiene es que su amigo tardó más de una hora en recordar que el único cuchillo que tenían estaba en el bolsillo superior de su mochila. La verdadera pregunta, según Joe, es: *"si hubiera estado en mi mochila y pudiera sentir cómo derribaban a Simon, ¿habría cortado la cuerda para salvarlo? No creo que lo haría"*.

Simpson es un hombre de contradicciones. Es de esperar de alguien que, según todos los informes, debería haber muerto, pero que en cambio encontró una manera de ganarse la vida con la historia de su supervivencia.

Aproximadamente a un tercio del camino por el acantilado de hielo, el hombre pensaba, *"no te caigas aquí"*, porque Simon estaba bajando y había una cuerda floja entre los dos. Metió su hacha derecha y el hielo se desintegró. Aterrizó en la base del acantilado.

La pierna derecha de Joe derecha se trabó hacia atrás, y sus crampones de nieve maximizaban la fuerza. El golpe rompió su ligamento cruzado anterior, dañó el nervio peroneo, destruyó dos meniscos [cartílagos] de la rodilla y fracturó el talón y el tobillo. El dolor era insoportable.

Al principio, el hombre estaba en negación, así que trató de ponerse en pie, pero al hacerlo sintió que todos estos huesos se iban. Cuando apareció Simon, le preguntó si estaba bien, y cuando Joe dijo que se había roto la pierna, su expresión cambió por completo. Antes, eran socios iguales trabajando juntos; ahora, de repente, uno de ellos era inválido. Tenían que bajar una cara de 914 metros. Joe pensaba que iba a morir.

. . .

Probablemente había perdido un litro de sangre internamente. Estaba bajando tan rápido como Simon podía bajarlo. Cada 45 metros, el nudo que unía las dos cuerdas se levantaba y golpeaba el dispositivo de fricción de Simon. Esa fue una señal para que Joe se quitara el peso de la cuerda. Simon soltaría, pondría el nudo en el otro lado del dispositivo, daría tres tirones y comenzaría a bajar a Joe de nuevo.

Después de una hora, los dos hombres estaban a 91 metros de profundidad. Solo tuvieron que hacerlo 10 veces más para llegar al pie de la montaña, pero no se dieron cuenta de que estaban alineados con un acantilado de hielo que sobresalía de la pendiente. A las 9:30 p.m., Simon bajó a Joe por el borde y se detuvo con unos 30 metros de aire y la sombra de una grieta cubierta debajo de él.

El nudo había llegado a su dispositivo de fricción.

El peso de Joe estaba sobre la cuerda y Simon no podía deshacer el nudo, estaban encerrados en el sistema y seguros de que se iban a morir. Simon aguantó lo que pareció toda una vida, luego Joe se encontró en caída libre.

. . .

Golpeó la cresta de la grieta y la atravesó. Chocó contra una vieja parte derrumbada del techo y se detuvo. Viendo el agujero en el techo a más de 20 metros por encima de él, pensó: *"Simon se ha ido volando.*

Él se fue." Tiró de la cuerda, pensando que vendría atada a su cuerpo, por lo que podría usarla como contrapeso y trepar por la misma. El extremo de la cuerda lo azotó. Simon lo había cortado.

La gente que llega a conocer a Joe, a menudo pregunta: *"¿estabas enojado con Simon?"*, pero él no lo estaba, su pensamiento era: *"Gracias a Dios, Simon está vivo"*. Aparte de ser su amigo, Simon le era de suma utilidad vivo. Así podía bajar a buscarlo después. Luego, Joe pensó: *"No te encontrará en la oscuridad, así que tienes que gritar su nombre tan fuerte como puedas cada cinco minutos"*.

Las grietas son lugares atemorizantes en los que estar, especialmente si se te mete la idea de que no vas a salir.

Joe tenía esta imagen de una muerte larga que lo quemó en pedazos, y derrumbó su espíritu y esperanzas. Alrededor de las 9.30 de la mañana, se dio cuenta de que Simon debería haberlo encontrado ya.

. . .

Joe trató de subir, pero no pudo. Cuando miró hacia abajo, solo pudo ver oscuridad. Esta grieta era la separación entre el glaciar y la base de la montaña. Pueden tener 15 o 150 metros de profundidad. No tuvo el coraje de saltar. Cortó su dispositivo de rápel, pero decidió deliberadamente no hacer un nudo en el extremo de la cuerda, pensando: *"mira, si llego allí y estoy colgando en el espacio, ¿por qué querría volver a subir y pasar seis días muriendo?"*

Aproximadamente 70 pies más abajo, las avalanchas habían creado un punto de estrangulamiento y una pendiente que probablemente era de 65 °. En esta nieve no consolidada, podría manejar eso con saltos.

No estaba considerando cómo sobrevivir, solo cómo salir. Si iba a morir, quería hacerlo a la luz del sol.

Joe sacó la cabeza por la grieta alrededor de la una de la tarde y se sentó allí a reír como un loco. Vio la cuerda de Simon a su izquierda; había hecho rápel por el glaciar. Ahora sabía que estaba solo, nadie vuelve por un cadáver. Ese fue un momento aleccionador para Joe. Estaba muy lejos del campamento base: una milla y media [2,5 km] de un glaciar de grieta, luego seis millas y media [10,5 km] de morrenas (montículos de escombros dejados por los glaciares) y rocas.

Cuando intentas sobrevivir, lo último que necesitas es emoción: es un desperdicio de energía. Una parte de Joe era pragmática, pensaba hasta dónde podía llegar, en qué estado estaba su cuerpo y en la poca comida que tenía. Su conclusión fue: *"no lo lograrás",* pero también pensó, *"si mueres aquí, serás enterrado en la nieve y desaparecerás para siempre. Nadie sabrá jamás lo que te ha pasado".* El hombre gateó durante los siguientes tres días y medio.

Cuando estás solo/a durante mucho tiempo, sin datos, sin conversaciones, sin nada que leer o ver, tu mente va a la deriva. Por momentos, Joe pensaría que había descansado cinco minutos, pero luego, al mirar su reloj se daba cuenta de que habían pasado 45 minutos.

Llevaba cuatro días "muerto". Para no desistir, Joe comenzó a crearse pequeñas metas que cumplir a lo largo del día, como llegar a cierta grieta en un tiempo menor a 20 minutos o alcanzar alguna roca con una característica interesante. Esta dinámica lo alegraba o enfurecía dependiendo del resultado, pero le permitió alejarse de la idea de que todo estaba perdido.

. . .

La última noche Joe comenzó a fallar. Probablemente estaba a 10 minutos a pie de la base, pero le tomó nueve horas, estaba entrando y saliendo de la conciencia y experimentando alucinaciones, algunas agradables, otras extrañas. Dejó de mirar el reloj, así que perdió todo sentido de propósito. Sentía que probablemente estaba muriendo, así que comenzó a gritar esperando que Simon o alguien más lo escuchara. Lo hicieron, pero pensaron que era un perro.

Entonces Joe pensó que, si se arrastraba hasta el lecho del río, alguien definitivamente encontraría su cuerpo.

No esperaba encontrarse con nadie, sino arrastrarse hasta el último punto del juego final, morir allí. Inadvertidamente se arrastró a través del área de letrinas del campamento y se cubrió con heces humanas. Esto de repente le indicó dónde estaba: a menos de 90 metros de donde habían estado las tiendas de su campamento.

Supuso que Simon y Richard, el asistente de campamento, se habían ido, así que se sentó, pensando que su muerte era un destino definitivo. Pero no había considerado que Simon también necesitaba recuperarse y no tenía prisa por llegar a casa para decirles a todos sus amigos que acababa de matarlo. Entonces vio una luz…

. . .

A ese punto, Joe había aceptado la situación, estaba seguro de que era un final, así que fue un shock cuando Simon y Richard aparecieron de repente. El hombre sencillamente colapsó.

Había perdido alrededor del 35 por ciento de su peso corporal, ya que cuando estás en un estado de inanición, tu cuerpo usa cetonas (sustancias químicas creadas por el hígado) para descomponer la proteína en tus músculos y órganos, y tu aliento tiene un olor dulce, como quitaesmalte de uñas.

Simon olió el aliento de Joe y supo que estaba entrando en cetoacidosis, en realidad estaba muriendo. Necesitaba un goteo de sal y azúcar, pero no tenían tubos ni agujas en el campamento. Con gente cuidándolo, Joe de repente dejó de tener que sobrevivir, situación que lo asustó bastante, probablemente porque había estado consumiendo endorfinas y adrenalina durante cuatro días.

Apenas consciente, él, Richard y Simon montaron una mula durante dos días y luego pasaron 23 horas en una camioneta. Joe únicamente quería dormir, pero Simon estaba tan preocupado por el estado en el que se encontraba, que quería encontrar ayuda médica lo más pronto posible. Once días después de romperse la pierna, Joe llegó al hospital.

A partir de esta experiencia, Joe cuenta que la razón por la que le gusta el montañismo no es porque sea peligroso o aterrador, sino porque hay un precio que pagar si te equivocas. Se trata de dominar una habilidad, que llegó incluso a convertirlo en un orador experto. A veces, incluso las experiencias más trágicas pueden convertirse en milagros.

8

José Salvador Alvarenga

M<small>IENTRAS</small> <small>ATRAVESABAN</small> la laguna en las Islas Marshall, en lo profundo del océano Pacífico, un par de policías miraron a la persona tendida en la cubierta ante ellos.

No se podía ocultar el hecho de que este hombre había estado en el mar durante un tiempo considerable. Su cabello estaba enmarañado hacia arriba como un arbusto, su barba se curvó en un salvaje desorden.

Tenía los tobillos hinchados, las muñecas diminutas; apenas podía caminar. Se negó a hacer contacto visual y a menudo ocultaba su rostro.

. . .

El hombre era Salvador Alvarenga, un pescador salvadoreño de 36 años, que había salido de la costa de México en una pequeña embarcación con un joven compañero de tripulación 14 meses antes.

Ahora lo llevaban al atolón de Ébano, el extremo más meridional de las Islas Marshall y la ciudad más cercana a donde había llegado a la orilla. Estaba a 6,700 millas del lugar del que había partido. Había estado a la deriva durante 438 días.

Flotando a través del Océano Pacífico, observando la luz de la luna refluir y fluir durante más de un año, Alvarenga había luchado contra la soledad, la depresión y ataques de pensamientos suicidas. Pero sobrevivir en un mundo vibrante de animales salvajes, vívidas alucinaciones y extrema soledad hicieron poco para prepararlo ante el hecho de que estaba a punto de convertirse en una celebridad internacional y un objeto de curiosidad.

Días después de regresar, Alvarenga se enfrentó a la prensa mundial.

Vestido con una holgada sudadera marrón que disimulaba su torso afilado, desembarcó de un barco de la policía lentamente, pero sin ayuda. Esperando una víctima demacrada y postrada en cama, una oleada de incredulidad atravesó la multitud. Alvarenga esbozó una rápida sonrisa y saludó a las cámaras.

¿Quién sobrevive 14 meses en el mar? Solo un guionista de Hollywood podría escribir un cuento en el que ese viaje termine felizmente. Resultó que había decenas de testigos que habían visto a Alvarenga salir de la costa, que habían escuchado su señal de auxilio. Cuando llegó a la costa (en el mismo barco en el que había salido de México), a miles de kilómetros de distancia, se mantuvo firme en su rechazo a las entrevistas, incluso colocó una nota en la puerta de su hospital pidiendo a la prensa que desapareciera. Esta es su historia.

El 18 de noviembre de 2012, un día después de haber sido emboscado en el mar por una tormenta masiva, Alvarenga estaba tratando de ignorar el creciente estanque de agua de mar chapoteando a sus pies.

Un navegante inexperto podría haber entrado en pánico, haber comenzado a empacar y haberse distraído de su tarea principal: alinear el barco con las olas. Él no. Era un capitán veterano y sabía que necesitaba recuperar la iniciativa.

. . .

Junto con su inexperto compañero de tripulación, Ezequiel Córdoba, se encontraba a 50 millas mar adentro, negociando lentamente una ruta de regreso a la costa. El rocío y las olas rompientes arrojaron cientos de galones de agua de mar en el bote, amenazando con hundirlos o volcarlos. Mientras Alvarenga conducía, Córdoba arrojaba frenéticamente agua al océano, deteniéndose solo momentáneamente para permitir que los músculos de sus hombros se recuperaran.

El bote de Alvarenga, a 25 pies, era tan largo como dos camionetas y tan ancho como una. Sin una estructura elevada, sin cristales ni luces de marcha, era prácticamente invisible en el mar. En la cubierta, una caja de fibra de vidrio del tamaño de un refrigerador estaba llena de pescado fresco: atún, mahimahi y tiburones, su captura después de un viaje de dos días. Si pudieran llevarlo a tierra, tendrían suficiente dinero para sobrevivir durante una semana.

El bote estaba cargado con equipo, incluidos 70 galones de gasolina, 16 galones de agua, 23 kg (50 lb) de sardinas para cebo, 700 anzuelos, millas de línea, un arpón, tres cuchillos, tres cubos para empacar, un teléfono móvil (en una bolsa de plástico para mantenerlo seco), un dispositivo de rastreo GPS (no impermeable), una radio de dos vías (batería medio cargada), varias llaves para el motor y 91 kg (200 lb) de hielo.

Alvarenga había preparado el barco con Ray Pérez, su compañero habitual y fiel compañero. Pero en el último minuto, Pérez no pudo unirse a él. Alvarenga, ansioso por salir al mar, decidió irse con Córdoba, un joven de 22 años con el sobrenombre de Piñata que vivía en el otro extremo de la laguna, donde era más conocido como una estrella defensiva en el equipo de fútbol del pueblo. Alvarenga y Córdoba nunca se habían hablado antes y mucho menos habían trabajado juntos.

Alvarenga negoció tensamente su lento avance hacia la costa, maniobrando entre las olas como un surfista tratando de deslizarse y abrirse camino.

A medida que empeoraba el tiempo, la determinación de Córdoba se desintegró; a veces se negaba a empacar y en su lugar sostenía la barandilla con ambas manos, vomitando y llorando. Se había inscrito para ganar $50. Era capaz de trabajar 12 horas seguidas sin quejarse y era atlético y fuerte, ¿pero este estrepitoso y empapado viaje de regreso a la costa? Estaba seguro de que su diminuta nave se haría añicos y los tiburones los devorarían. Empezó a gritar.

. . .

Alvarenga permaneció sentado, agarrando el timón con fuerza, decidido a navegar en una tormenta ahora tan fuerte que los capitanes de los puertos a lo largo de la costa habían impedido que los barcos de pesca se dirigieran al mar. Finalmente notó un cambio en la visibilidad, la capa de nubes se estaba levantando: podía ver millas a través del agua.

Alrededor de las 9 de la mañana, Alvarenga divisó la elevación de una montaña en el horizonte. Estaban aproximadamente a dos horas de la tierra cuando el motor comenzó a toser y farfullar. Sacó su radio y llamó a su jefe.

"¡El motor está estropeado!" - *"Cálmate, hombre, dame tus coordenadas"*, respondió Willy, desde los muelles junto a la playa en Costa Azul. *"No tenemos GPS, no funciona".*

Willy entonces ordenó que se echara un ancla al mar, pero la embarcación no contaba con ella. Alvarenga había notado que faltaba antes de partir, pero no creía que lo necesitara en una misión en aguas profundas. Así fue que Willy le indicó que irían a su rescate.

. . .

Mientras las olas golpeaban el barco, Alvarenga y Córdoba empezaron a trabajar en equipo. Con el sol de la mañana, pudieron ver que las olas se acercaban, se elevaban por encima de ellos y luego se abrían. Cada hombre se sujetaba y se apoyaba contra un costado del bote de casco abierto para contrarrestar el balanceo.

Pero las olas eran impredecibles, golpeándose entre sí en el aire, uniendo fuerzas para crear oleajes que elevaban a los hombres a un breve pico desde donde podían obtener una vista de un tercer piso, y luego, con la sensación de un ascensor cayendo, los dejaban caer instantáneamente. Sus sandalias de playa no proporcionaron tracción en la cubierta.

Alvarenga se dio cuenta de que su captura, casi 500 kg (1,100 lb) de pescado fresco, estaba haciendo que la parte superior del bote fuera pesada e inestable. Sin tiempo para consultar a su jefe, Alvarenga se fue con su instinto: tirarían todo el pescado. Uno a uno, los sacaron de la nevera y arrojaron los cadáveres al océano. Caer por la borda era ahora más peligroso que nunca: los peces ensangrentados seguramente atraerían a los tiburones.

A continuación, arrojaron hielo y gasolina extra. Alvarenga colgó 50 boyas del barco como un "ancla de mar" improvisada que flotaba en la superficie, proporcionando resistencia y estabilidad. Pero alrededor de las 10 de la mañana la radio se apagó. Fue antes del mediodía del primer día de una tormenta que Alvarenga sabía que probablemente duraría cinco días.

Perder el GPS había sido un inconveniente, el motor averiado fue un desastre; pero ahora, sin contacto por radio, estaban solos.

La tormenta sacudió a los hombres toda la tarde mientras luchaban por sacar agua del bote.

Los mismos músculos, el mismo movimiento repetitivo, hora tras hora, les había permitido verter quizás la mitad del agua. Ambos estaban a punto de desmayarse de cansancio, pero Alvarenga también estaba furioso; cogió un garrote pesado que normalmente se utiliza para matar peces y empezó a golpear el motor averiado. Luego agarró la radio y la unidad GPS y, enojado, arrojó las máquinas al agua.

El sol se hundió y la tormenta se agitó mientras Córdoba y Alvarenga sucumbían al frío. Dieron la vuelta a la nevera del tamaño de un frigorífico y se acurrucaron dentro. Empapados y apenas capaces de apretar sus manos frías en puños, se abrazaron y envolvieron sus piernas entre sí. Pero a medida que el agua entrante hundía el bote cada vez más, los hombres se turnaban para dejar la nevera y sacar el agua durante frenéticos períodos de 10 o 15 minutos. El progreso fue lento, pero el estanque a sus pies se fue reduciendo gradualmente.

La oscuridad encogió su mundo, mientras un viento huracanado azotaba la costa y empujaba a los hombres hacia el mar. ¿Estaban ahora de regreso a donde habían estado pescando un día antes?

¿Se dirigían al norte hacia Acapulco o al sur hacia Panamá? Con solo las estrellas como guías, habían perdido su medio habitual de calcular la distancia.

Sin cebos ni anzuelos, Alvarenga inventó una atrevida estrategia para pescar. Se arrodilló junto al borde del bote, con los ojos en busca de tiburones y metió los brazos en el agua hasta los hombros. Con el pecho apretado contra el costado del bote, mantuvo las manos firmes, a unos centímetros de distancia. Cuando un pez nadaba entre sus manos, las aplastaba cerrándolas, clavando sus uñas en las escamas ásperas. Muchos escaparon, pero pronto Alvarenga dominó la táctica y comenzó a agarrar los peces y arrojarlos al bote mientras trataba de esquivar sus dientes.

. . .

Con el cuchillo de pesca, Córdoba limpió con destreza y cortó la carne en tiras del tamaño de un dedo que se dejaron secar al sol. Comieron pescado tras pescado.

Alvarenga se metió carne cruda y carne seca en la boca, sin apenas darse cuenta o importarle la diferencia.

Cuando tuvieron suerte, pudieron atrapar tortugas y algún que otro pez volador que aterrizaba dentro de su bote.

A los pocos días, Alvarenga comenzó a beber su orina y animó a Córdoba a seguir su ejemplo. Era salada, pero no repugnante, así que bebía, orinaba, volvía a beber, volvía a orinar, en un ciclo que se sentía como si le proporcionara al menos una hidratación mínima, pero, de hecho, estaba agravando su deshidratación. Alvarenga había aprendido hacía mucho tiempo los peligros de beber agua de mar. A pesar de su anhelo de líquido, se resistieron a tragar incluso una taza del agua salada interminable que los rodeaba.

Después de aproximadamente 14 días en el mar, Alvarenga estaba descansando dentro de la nevera cuando escuchó un sonido: *splat, splat, splat*. El ritmo de las gotas de lluvia en el techo era inconfundible. "¡Piñata! ¡Piñata!

Piñata —gritó Alvarenga mientras salía. Su compañero de tripulación se despertó y se unió a él.

Corriendo por la cubierta, los dos hombres desplegaron un sistema de recolección de agua de lluvia que Alvarenga había estado diseñando e imaginando durante una semana. Córdoba limpió un balde gris de cinco galones y colocó la boca hacia el cielo.

Nubes oscuras acechaban sobre sus cabezas, y después de días de beber orina y sangre de tortuga, y casi morir de sed, una tormenta finalmente se apiadó de los hombres. Abrieron la boca a la lluvia que caía, se quitaron la ropa y se ducharon en un glorioso diluvio de agua dulce. En una hora, el cubo tenía una pulgada, luego dos pulgadas de agua. Los hombres se reían y bebían cada dos minutos. Sin embargo, después de su ataque inicial a los suministros de agua, se comprometieron a mantener raciones estrictas.

Después de semanas en el mar, Alvarenga y Córdoba se convirtieron en astutos carroñeros y aprendieron a distinguir las variedades de plástico que flotan en el océano. Agarraron y almacenaron todas las botellas de agua vacías que encontraron. Cuando una bolsa de basura verde se acercó a su alcance, los hombres la agarraron, la subieron a bordo y abrieron el plástico.

Dentro de una bolsa, encontraron un chicle masticado y dividieron el bulto del tamaño de una almendra, y cada hombre se deleitó con la riqueza de los placeres sensoriales. Debajo de una capa de aceite de cocina empapado, encontraron riquezas: media cabeza de repollo, algunas zanahorias y un litro de leche, medio rancia, pero aun así la bebieron. Era la primera comida fresca que los dos hombres veían en mucho tiempo.

Trataron las zanahorias empapadas con reverencia.

Cuando tenían comida de respaldo para varios días, y especialmente después de haber atrapado y comido una tortuga, Córdoba y Alvarenga encontraron brevemente consuelo en el magnífico paisaje marino. *"Hablábamos de nuestras madres"*, recuerda Alvarenga. *"Y lo mal que nos habíamos portado. Le pedimos a Dios que nos perdonara por ser tan malos hijos. Nos imaginamos si pudiéramos abrazarlas, darles un beso. Prometimos trabajar más duro para que no tuvieran que trabajar más. Pero fue demasiado tarde."*

. . .

Después de dos meses en el mar, Alvarenga se había acostumbrado a capturar y comer pájaros y tortugas, mientras que Córdoba había comenzado un declive físico y mental. Estaban en el mismo barco, pero se dirigían por caminos diferentes. Córdoba había estado enfermo después de comer aves marinas crudas y tomó una decisión drástica: comenzó a rechazar toda la comida. Agarraba una botella de agua de plástico con ambas manos, pero estaba perdiendo la energía y la motivación para llevársela a la boca. Alvarenga ofrecía pequeños trozos de carne de ave, ocasionalmente un bocado de tortuga. Córdoba apretaba la boca. La depresión estaba cerrando su cuerpo.

Los dos hombres hicieron un pacto. Si Córdoba sobrevivía, viajaría a El Salvador y visitaría a la madre y al padre de Alvarenga. Si Alvarenga lograba salir con vida, regresaría a Chiapas, México, y encontraría a la devota madre de Córdoba que se había vuelto a casar con un predicador evangélico. *"Me pidió que le dijera a su madre que estaba triste porque no podía despedirse y que ella no debía hacerle más tamales, que lo dejaran ir, que se había ido con Dios"*, cuenta Alvarenga.

. . .

"Me muero, me muero, casi me voy", dijo Córdoba una mañana. *"No pienses en eso. Vamos a tomar una siesta",* respondió Alvarenga mientras yacía junto a Córdoba.

"Estoy cansado, quiero agua", gimió Córdoba. Su respiración era áspera. Alvarenga recuperó la botella de agua y la llevó a la boca de Córdoba, pero éste no tragó. En cambio, se estiró. Su cuerpo se estremeció en breves convulsiones. Gimió y su cuerpo se tensó. De repente, Alvarenga entró en pánico. Gritó a la cara de Córdoba: *"¡No me dejes solo! ¡Tienes que luchar por la vida! ¿Qué voy a hacer aquí solo?"*

Córdoba murió con los ojos abiertos. A la mañana siguiente miró el cuerpo de su compañero en la proa del barco. Le preguntó al cadáver: *"¿Cómo te sientes?*

¿Cómo estuvo tu sueño?". Para lidiar con la pérdida de su compañero, Alvarenga simplemente fingió que no había muerto. *"Dormí bien, ¿y tú? ¿Has desayunado?"* Alvarenga respondió a sus propias preguntas en voz alta, como si fuera Córdoba hablando desde el más allá. La forma más fácil de lidiar con la pérdida de su único compañero era simplemente fingir que seguía ahí.

. . .

Seis días después de la muerte de Córdoba, Alvarenga se sentó con el cadáver en una noche sin luna, en plena conversación, cuando, como si despertara de un sueño, de repente se sorprendió al descubrir que estaba conversando con los muertos. *"Primero le lavé los pies. Su ropa era útil, así que me quité un par de pantalones cortos y una sudadera. Me lo puse, era rojo, con pequeñas calaveras y tibias cruzadas, y luego lo arrojé. Y cuando lo metí en el agua, me desmayé ".*

Cuando se despertó pocos minutos después, Alvarenga estaba aterrorizado. No sabía qué iba a hacer solo, sin nadie con quien hablar, y a menudo se cuestionaba por qué había muerto su compañero y no él. Él había invitado a Córdoba a pescar. Se culpaba a sí mismo por la muerte del joven.

Pero su voluntad de vivir y el miedo al suicidio (su madre le había asegurado que los que se suicidan nunca irán al cielo) lo mantuvieron buscando soluciones y recorriendo la superficie del océano en busca de barcos. El amanecer y el atardecer eran los mejores momentos, ya que las formas borrosas en el horizonte se transformaban en siluetas ordenadas y el sol era soportable. Con su vista bien afinada, Alvarenga ahora podía identificar una pequeña mancha en el horizonte como un barco.

. . .

A medida que se acercaba, identificaba el tipo de embarcación, generalmente un buque portacontenedores transpacífico, mientras pasaba gruñendo. Estas barcazas marinas surcaban el mar sin esfuerzo, y sin tripulación ni actividad visible en la cubierta, eran como drones en el mar. Cada avistamiento bombeaba a Alvarenga con un impulso de energía que lo sacudía para agitar, saltar y agitar durante horas. Unos 20 barcos portacontenedores distintos desfilaron por el horizonte, sin embargo, la enloquecedora provocación aún lo emocionaba. Las tormentas azotaron su pequeño bote, pero a medida que avanzaba hacia el mar, las tormentas parecían hacerse más cortas, más manejables.

Alvarenga dejó volar su imaginación para mantenerse cuerdo. Imaginó una realidad alternativa tan creíble que luego pudo decir con total honestidad que solo en el mar probó las mejores comidas de su vida y experimentó el sexo más delicioso. Estaba dominando el arte de convertir su soledad en un mundo parecido a una fantasía. Comenzaba sus mañanas con una larga caminata, caminaba de un lado a otro en el bote e imaginaba que estaba vagando por el mundo.

Al hacer esto, podía hacerse creer que en realidad estaba haciendo algo. Con este animado séquito de familiares, amigos y amantes, Alvarenga se aisló de la desoladora realidad.

Cuando era un niño pequeño, su abuelo le había enseñado a llevar la cuenta del tiempo usando los ciclos de la luna. Ahora, solo en mar abierto, siempre tenía claro cuántos meses había estado a la deriva; sabía que había visto 15 ciclos lunares mientras navegaba por territorio desconocido. Estaba convencido de que su próximo destino era el cielo.

Iba zumbando en una corriente suave, cuando de repente el cielo se llenó de aves costeras. Alvarenga lo miró fijamente. Los músculos de su cuello se tensaron. Una isla tropical emergió de la niebla. Un atolón verde del Pacífico, una pequeña colina rodeada por un caleidoscopio de aguas turquesas.

Las alucinaciones no duraron tanto. ¿Habían sido finalmente respondidas sus oraciones? La mente acelerada de Alvarenga imaginó múltiples escenarios de desastre.

Podría desviar el rumbo. Podía ir hacia atrás, ya había sucedido antes. Miró la tierra mientras trataba de distinguir detalles de la orilla. Era una isla diminuta, no más grande que un campo de fútbol, calculó. Parecía salvaje, sin carreteras, coches ni casas.

Con su cuchillo, cortó la raída línea de boyas. Fue un movimiento drástico. En mar abierto, sin un ancla en el mar, podía voltear fácilmente incluso durante una tormenta tropical moderada. Pero Alvarenga podía ver la costa con claridad y apostó a que la velocidad era más importante que la estabilidad.

En una hora se había acercado a la playa de la isla. A diez metros de la orilla, Alvarenga se zambulló en el agua, luego remó "como una tortuga" hasta que una gran ola lo levantó y lo arrojó alto en la playa, como madera flotante.

Cuando la ola se alejó, Alvarenga quedó boca abajo en la arena, sostuvo un puñado como si fuera el tesoro más preciado que había tenido nunca.

El pescador hambriento se arrastró desnudo a través de una alfombra de hojas de palmera empapadas, cáscaras de coco afiladas y flores sabrosas. No pudo estar de pie por más de unos segundos. Estaba totalmente destrozado y tan delgado como una tabla.

. . .

Aunque no lo sabía, Alvarenga había llegado a la costa en Tile Islet, una pequeña isla que forma parte del Ebon Atoll, en el extremo sur de las 1,156 islas que componen la República de las Islas Marshall, una de las más remotas manchas en la Tierra.

Un barco que salga de Ebon en busca de tierra tendrá que girar 4,000 millas al noreste para llegar a Alaska o 2,500 millas al suroeste hasta Brisbane, Australia.

Si Alvarenga se hubiera perdido Ebon, se habría desplazado al norte de Australia, posiblemente encallando en Papúa Nueva Guinea, pero probablemente hubiera continuado otras 3,000 millas hacia la costa este de Filipinas.

Mientras tropezaba con la maleza, de repente se encontró de pie al otro lado de un pequeño canal de la casa en la playa de Emi Libokmeto y su esposo Russel Laikidrik. Ella trabajaba descascarando y secando cocos en la isla. Vio a Alvarenga gritando, parecía débil y hambriento. Su primer pensamiento fue *"esta persona nadó aquí, debe haberse caído de un barco "*.

Después de acercarse tentativamente, Emi y Russel le dieron la bienvenida a su casa. Alvarenga dibujó un bote, un hombre y la orilla. Luego se rindió. ¿Cómo podría explicar una deriva de 7,000 millas en el mar con figuras de palitos? Su impaciencia hervía a fuego lento. Pidió medicinas. Pidió un médico. La pareja nativa sonrió y meneó amablemente la cabeza.

Después de una mañana de cuidar y alimentar al náufrago, Russel navegó a través de una laguna hasta la ciudad principal y el puerto de la isla de Ebon para pedir ayuda al alcalde. En cuestión de horas, un grupo, incluidos policías y una enfermera, había acudido a rescatar a Alvarenga. Tuvieron que persuadirlo para que se subiera a un bote con ellos de regreso a Ebon.

Mientras cuidaban a este hombre de aspecto salvaje hasta que recuperaba la salud y trataban de obtener detalles de su viaje, un antropólogo visitante de Noruega alertó al *Marshall Islands Journal*.

Escrita por Giff Johnson, la primera historia se publicó bajo la bandera de la Agence France-Presse (AFP) el 31 de enero y describió los contornos notables de la historia de Alvarenga. Los reporteros en Hawái, Los Ángeles y Australia se apresuraron a llegar a la isla para entrevistar a este presunto náufrago.

· · ·

La única línea telefónica en Ebon se convirtió en un campo de batalla, ya que los reporteros intentaron descubrir detalles tentadores.

La historia de Alvarenga tenía suficientes hechos concretos para hacerla plausible: el informe inicial de persona desaparecida, la operación de búsqueda y rescate, la correlación de su deriva con corrientes oceánicas conocidas y el hecho de que estaba extremadamente débil.

Pero estalló un debate en línea y en las salas de redacción de todo el mundo: ¿fue este el superviviente más notable desde Ernest Shackleton, o el mayor fraude desde los diarios de Hitler? Los funcionarios localizaron al supervisor de Alvarenga, quien confirmó que el número de registro del barco en el que se había perdido era el mismo que el que había salido del puerto el 17 de noviembre de 2012 y desapareció.

Los periodistas iniciaron una fuerte investigación, todos confirmaron que la versión de la vida en el mar de Alvarenga estaba en línea con lo que esperaban. Cuando llegó al hospital en las Islas Marshall, fue interrogado por funcionarios de la embajada de Estados Unidos que describieron múltiples cicatrices en el cuerpo muy dañado de Alvarenga.

Mientras tanto, en las Islas Marshall, la condición médica de Alvarenga empeoró constantemente. Tenía los pies y las piernas hinchados. Los médicos sospechaban que los tejidos habían estado privados de agua durante tanto tiempo que ahora lo absorbían todo.

Pero después de 11 días, los médicos determinaron que la salud de Alvarenga se había estabilizado lo suficiente como para que pudiera viajar a su casa en El Salvador, donde se reuniría con su familia.

Le diagnosticaron anemia y los médicos sospecharon que su dieta a base de tortugas y aves crudas había infectado su hígado con parásitos. Alvarenga creía que los parásitos podrían subir a su cabeza y atacar su cerebro. El sueño profundo era imposible y pensaba a menudo en la muerte de Córdoba, no era lo mismo celebrar la supervivencia solo. Tan pronto como estuvo lo suficientemente fuerte, viajó a México para cumplir su promesa y entregar un mensaje a la madre de Córdoba, Ana Rosa. Se sentó con ella durante dos horas, respondiendo a todas sus preguntas.

. . .

La vida en tierra no fue sencilla después de esto: durante meses, Alvarenga se mantuvo en estado de shock. Había desarrollado un profundo miedo no solo al océano, sino incluso a la vista del agua. Dormía con las luces encendidas y necesitaba compañía constante. Poco después de desembarcar, nombró a un abogado para que se ocupara de las solicitudes de los medios de comunicación de todo el mundo.

Más tarde cambió de representación y su ex abogado presentó una demanda exigiendo un pago de un millón de dólares por un presunto incumplimiento de contrato.

No fue hasta un año después, cuando la niebla de la confusión disminuyó y escaneó los mapas de su deriva a través del Océano Pacífico, que Alvarenga comenzó a sondear su extraordinario viaje. Durante 438 días, vivió al borde de la cordura. *"Sufrí hambre, sed y una soledad extrema, y no me quité la vida"*, dice Alvarenga. *"Solo tienes una oportunidad de vivir, así que aprécialo"*.

9

Steve Callahan

En la noche del 4 de febrero de 1982, Steven Callahan y su barco, Napoleon Solo, sucumbieron a una tormenta que sacudió el Atlántico. Mientras las olas sacudían la embarcación, ésta se apagó y anticipó la lucha contra el mar tumultuoso durante días.

Habiendo asegurado todo lo que pudo, Steven se metió debajo de la cubierta para descansar un poco.

Poco después de las 11:00 pm, una explosión —probablemente, pero no con certeza, causada por la colisión con una ballena— atravesó el barco y lo abrió al océano.

. . .

En cuestión de segundos, Callahan se puso de pie de un salto y se encontró de pie en el agua hasta la cintura. Su barco se estaba hundiendo.

Steven luchó contra pensamientos mórbidos mientras buscaba a tientas su bote salvavidas de 45 kilos. Estaba a 450 millas de la masa terrestre más cercana, pero los vientos y las corrientes hicieron que ese viaje fuera imposible. En su lugar, tendría que continuar las 1.800 millas hasta su destino.

Cuando su balsa se infló, la cargó con equipo, la hizo flotar fuera de la cubierta (ahora parcialmente sumergida) y se zambulló tras ella. Durante los siguientes 76 días, Callahan volvería a casa en esa balsa mientras lo llevaba a través de un tramo del Atlántico casi sin recorrer hacia el Caribe.

Callahan diseñó y construyó el Napoleon Solo para la *Mini Transat 6.50*: una carrera de yates en solitario a través del Atlántico. En 1982, el año de su accidente, esa carrera fue de Newport, Gales a Bermuda.

. . .

Pero su sueño para el barco tenía tanto que ver con buscar una forma diferente de vivir como con cortar el camino más rápido a través del océano.

"Siempre quise cruzar el océano en un bote simple", dijo Callahan. *"Los barcos son la mejor herramienta para acceder a la naturaleza más grande del mundo. Me atrajo la idea de poder acceder a todo el mundo sin muchos recursos [así que] construí Napoleon Solo no como un barco de carreras, sino como una vivienda. Mi vida se estaba derrumbando. Básicamente construí este bote como una máquina de escape ".*

Era un barco sólido y había aguantado una temporada completa de cruceros de "*shakedown*" en preparación para la carrera. Con poco más de 21 pies de largo y solo dos metros y medio de ancho, Napoleon Solo era el equivalente marino de una minivan dedicada a la basura. Era sencilla pero cómoda (más estando sentado que de pie) y estaba equipada con una mesa de cartas, cocina, cama y velas cortas que permitían a Callahan controlar casi todo el barco desde el interior. Callahan también agregó compartimentos estancos a la proa del barco.

Había abandonado la carrera y estuvo ocho días en un pasaje independiente del Atlántico cuando el Napoleón

Solo chocó con (piensa Callahan) una ballena. Cuando eso sucedió, los compartimentos del barco no eran suficientes para mantenerlo a flote. Pero le dieron tiempo a Callahan para rescatar algunos suministros muy necesarios.

Antes de que su barco se hundiera por completo, Callahan pudo hacer algunos viajes de regreso en busca de equipo. Primero, rescató el cuchillo que sostenía entre los dientes cuando salió del barco por primera vez y una "bolsa de zanja" con agua y algo de equipo básico. Luego tomó un saco de dormir y un cojín. Recogió la comida que flotó a la superficie desde la cabaña: una caja de huevos y una sola col.

La bolsa de equipo de la balsa estaba provista de agua, remos, bengalas, esponjas, un reflector de radar, dos alambiques solares, un botiquín de primeros auxilios, un recipiente de goma plegable, una línea de agitación de 100 pies, herramientas de gráficos, una linterna, dos espejos de señales, un equipo de reparación de balsa, dos abrelatas, pastillas para el mareo, quince metros de hilo y un solo anzuelo de pesca.

Su propia bolsa de emergencia estaba repleta de equipos más prácticos, incluida una pistola de lanza que le permitiría atrapar a los dorados que sostendrían su cuerpo y, en cierto nivel, su alma.

. . .

Callahan se adaptó rápidamente a la vida a bordo de su pequeña balsa. *"Al principio, traté de adoptar la actitud de que este no era el final del viaje, sino que continué en una nave más humilde"*, dijo. Esta embarcación más humilde estaba hecha de goma negra reforzada, pegada entre sí y, aunque estaba destinada a adaptarse a seis adultos, medía solo cinco pies y medio de diámetro en el interior. Callahan apenas podía sentarse debajo del punto más alto del dosel.

Aun así, Callahan mantuvo su optimismo. Una de las estrategias más exitosas para los eventos crónicos a largo plazo es normalizar la vida tanto como sea posible, aferrarse a cualquier rutina que se pueda. Muchas cosas cambian en situaciones de supervivencia, para Steven, el pensamiento fue *"bueno, puedo levantarme, llevar un registro, comenzar a navegar"*. Comenzó entonces a priorizar las necesidades básicas: comida, agua, refugio, todo ese tipo de cosas.

Cuando abordó la balsa, Callahan tenía suficiente comida y agua para sustentarlo durante 14 días si la racionaba cuidadosamente. Con algo de suerte y aguas lo suficientemente tranquilas como para tirar de su ancla, sería lo suficientemente larga para llegar a las rutas de navegación y una remota posibilidad de rescate. Sin embargo, solo unos días después, descubrió que estas raciones lo dejaban débil y fatigado. Satisfacer las necesidades básicas pronto se convirtió en una lucha diaria, a veces por hora, ya que los alambiques solares no lograron transformar el agua de mar en peces frescos y veloces que eran molestados, pero se negaron a sucumbir a su lanza.

El día 13, atrapó un pez ballesta —colorido, blindado, de carne amarga— y lloró. Cuando llegó a las rutas de navegación, no llegó ningún rescate. Su viaje tendría que continuar hacia el Caribe. Con el tiempo, Callahan desarrolló cierta aptitud para pescar y para hacer agua con su destilador solar. Pero la sensación de luto y gratitud que sintió con esa primera captura nunca se disipó.

Para él, matar a los peces fue matar a unas criaturas increíblemente espirituales.

Compartían su carne con la de él. Realmente no quería tener que matarlos más de lo que alguien querría matar a su gato o perro. *"No tenemos que pensar en esa dicotomía en la vida normal. Siempre había sido un chico al aire libre, conectado con la naturaleza, así que no fue una sorpresa"* contaba Callahan, *"pero se amplió. Me dio un despertar sobre otras culturas que están realmente ligadas a la naturaleza. [Eso] trajo eso vivo, y creo que lo haría para cualquiera que estuviera en esa situación".*

A dos tercios del camino hacia la vida en la balsa, Callahan se encontró en un estado de desesperación.

Luchó por seguir eligiendo continuar, ya que todo a su alrededor parecía desmoronarse aún más. Su punto más bajo fue aproximadamente el día 50. Una semana antes, el día 43, su captura, un dorado particularmente fuerte, rompió su lanza de pesca y abrió un agujero en el compartimiento hermético inferior de la balsa. El compartimento que mantenía el cuerpo y los suministros de Callahan, incluidos sus alambiques solares, fuera del agua.

Después de intentar hacer una reparación durante una semana, había perdido un tercio de su peso, estaba deshidratado, y además de eso tenía una gran carga de trabajo. No poder pescar adecuadamente, no poder producir agua adecuadamente, fue un momento deprimente para él. Consideró seriamente dejarse morir, pero después de esto, se motivó momentáneamente y decidió reparar su equipo.

. . .

Después de una semana de prueba y error, ideó un parche y volvió a inflar la balsa. Se mantuvo y siguió adelante. Más de tres semanas después, después de 76 días a la deriva, Callahan y su balsa se acercaron al lado este de la isla caribeña de Marie-Galante. Allí, fue encontrado por un trío de pescadores y un barco llamado Clemence.

Marie-Galante es una pequeña isla tranquila, no una isla turística. Una vez que Callahan llegó a tierra, se corrió la voz. Había un hombre en la isla que lo adoptó, se convirtieron en una especie de hermanos del alma. Él estaba en la radio CB, habló con un amigo de Steven en Guadalupe, quien lo puso en la radio. La noticia llegó a sus padres en pocas horas.

Callahan salió de Marie-Galante en barco, tomó un viaje en Guadalupe y luego vuelos a St. Croix y los Estados Unidos. Le tomó alrededor de seis semanas recuperarse y seis meses para comenzar a reconstruir el músculo perdido. Pero la experiencia le había demostrado que era más fuerte de lo que creía. En un año, completó una regata de vela en solitario similar a las Bermudas.

De vuelta en Maine, Callahan volvió a conectarse con una vieja amiga, Kathy Massimini, con quien se casó y que se convirtió no sólo en su esposa, sino en su mejor amiga y compañera de vida. En 2012, a Callahan le diagnosticaron leucemia mieloide y, aunque ha logrado mantenerse varios años en remisión, una serie de problemas de salud intermitentes lo han mantenido alejado del agua desde entonces. Sin embargo, no pierde la esperanza de zarpar con Kathy una vez más, para celebrar el milagro que es su propia vida.

10

Anna Bågenholm

"No estás muerto hasta que estás caliente y muerto". Este dicho arrogante podría ser lo que salvó a Anna Bågenholm a mediados de 1999. El espíritu de supervivencia está dentro de todos y cada uno de nosotros.

Esto fue probado por la radióloga sueca, cuando estableció el récord de ser la persona más fría que jamás haya sobrevivido. Su cuerpo alcanzó una temperatura increíblemente baja, de 13.70 C y vivió para contar su historia que es simplemente un milagro.

Bågenholm estaba esquiando en las montañas a las afueras de la ciudad de Narvik cuando cayó a un arroyo helado en el que se quedó atrapada por más de una hora.

. . .

Fue la noche del 20 de mayo de 1999 cuando Anna Bågenholm y dos de sus colegas partieron a esquiar en las montañas a las afueras de Narvik, Noruega. En ese momento, la joven de 29 años estaba estudiando para ser cirujana ortopédica. Bågenholm, una esquiadora experta, y sus colegas Marie Falkenberg y Torvind Naesheim tomaron una ruta empinada por la ladera de la montaña. Habían tomado esta ruta varias veces antes. En el camino hacia abajo, Anna perdió el control de sus esquís y cayó de cabeza sobre una capa de hielo de 8 pulgadas. Debajo del hielo había un arroyo helado.

Cuando Bågenholm cayó, se abrió un agujero en el hielo y fue arrastrada bajo el hielo. Cuando sus amigos la encontraron, solo sus pies y esquís estaban sobre el hielo. Agarraron sus esquís e intentaron sacarla, pero las rocas y el hielo la sujetaron con fuerza. Pidieron ayuda, pero la situación no era prometedora ya que la cabeza y el torso de Bågenholm se congelaban lentamente bajo el hielo helado.

Afortunadamente, mientras estaba bajo el agua, encontró una bolsa de aire y luchó por mantenerse consciente mientras llegaba la ayuda.

. . .

El cuerpo humano está sintonizado para sobrevivir a una temperatura óptima de 37,5 °C. Cuando la temperatura baja a 35 °C, comienza la hipotermia. Por debajo de 30 °C, la mayoría de las víctimas pierden el conocimiento. Cualquier temperatura por debajo de 25 °C significa que la víctima seguramente tendrá un paro cardíaco. Una vez que se produce un paro cardíaco, el cuerpo comienza a entrar en la zona de penumbra. Aquí es cuando comienza el proceso de muerte en el cuerpo. La muerte seguirá después de varios minutos si no se realiza ninguna intervención médica.

Después de permanecer bajo el agua helada durante 40 minutos, Bågenholm dejó de moverse y su cuerpo quedó flácido. Poco después, su corazón se detuvo debido a un paro circulatorio. Finalmente, llegaron los rescatistas del pie de la montaña con una pala de jardinería puntiaguda. Pudieron cavar el duro hielo y sacar a Bågenholm del agua fría a las 19:40. Había estado bajo agua helada durante 80 minutos.

Tenía las pupilas dilatadas y no había pulso. Inmediatamente, sus amigos Falkenberg y Naesheim comenzaron a darle RCP a pesar de saber bien que estaba clínicamente muerta. Un helicóptero desviado llegó poco después y la llevaron al Hospital Universitario de Tromso, donde llegó a las 21:10 de la hora local. Según la Dra. Mads Gibert, anestesióloga del hospital, sus pupilas estaban completamente dilatadas, eran rubias, blanquecinas, mojadas y al tocarla se sentía y parecía muerta sin lugar a dudas. La hipotermia no es infrecuente en Noruega y Gilbert sabía cómo tratar a Bågenholm.

La máquina de ECG (electrocardiograma) a la que estaba conectada en el helicóptero había mostrado una línea plana constante y en el hospital, no fue diferente.

Sin embargo, Gilbert esperaba que Bågenholm hubiera estado tan fría que su cerebro se hubiera ralentizado antes de morir. Bajo una temperatura corporal normal, nuestros cuerpos no pueden pasar más de 20 minutos sin oxígeno antes de que ocurra un daño cerebral irreversible. Cuando las temperaturas son bajas, el cerebro se ralentiza y esto significa que necesita menos oxígeno.

Aún muerta, Bågenholm estaba conectada a una máquina de circulación extracorpórea donde se bombeaba su sangre para calentarla. Lentamente, la temperatura de su cuerpo subió gradualmente desde los 13,7 °C. A las 16:00 horas del día siguiente, casi 24 horas después de que Bågenholm cayera al agua, su corazón se reactivó. Luego comenzó a bombear sangre por sí solo.

· · ·

Comenzó el proceso de curación gradual. No fue después de 12 días que Bågenholm abrió los ojos. Sin embargo, tardó más de un año en moverse porque algunos nervios se habían dañado durante su terrible experiencia.

La mujer ahora está completamente recuperada y trabaja como consultora senior de radiología en el Hospital Universitario de Tromso, donde su vida fue salvada.

"En los últimos 28 años, 34 víctimas de hipotermia accidental con paro cardíaco y que fueron recalentadas con bypass cardiopulmonar y solo el 30% sobrevivieron", dice Gilbert.

Según ella, la gran pregunta que se debe hacer cuando se trata de situaciones como estas, es si el cuerpo se había enfriado antes de sufrir el paro cardíaco o si tuvo un paro cardíaco antes de enfriarse.

El caso de Bågenholm llegó a los libros de registro y a revistas de investigación como *The Lancet*. Su caso cambió la forma en que los médicos abordan las muertes por hipotermia. En el estudio de Lancet, la conclusión fue que una víctima de hipotermia accidental grave, después de nueve horas de reanimación exitosa y estabilización asombrosa condujo a una recuperación física y mental impresionante. Se decidió que, por esta razón, se debería defender y recordar el posible resultado para todas esas víctimas.

En el Hospital del Centro Médico de la Universidad de Pittsburgh, los médicos utilizan hipotermia inducida en pacientes críticos. Esto se hace para prolongar la ventana en la que pueden detener el sangrado en los pacientes con el fin de salvar vidas.

11

Harrison Okene

En una de las historias de supervivencia en el mar más impactantes jamás contadas, un hombre vivió durante casi tres días dentro de un barco hundido en el fondo del océano. En mayo de 2013, un remolcador con una tripulación de 12 personas se movía a través de aguas turbulentas frente a la costa de Nigeria. El barco estaba remolcando un petrolero cuando un repentino oleaje o una ola salvaje se estrelló contra el barco, rompiendo la cuerda de remolque y volcando el barco alrededor de las 4:30 de la madrugada.

Harrison Okene, el cocinero del barco, estaba en el baño cuando el barco se volcó y empezó a hundirse.

. . .

La mayoría de los otros miembros de la tripulación estaban encerrados en sus camarotes, una medida de seguridad necesaria por parte de los piratas que robaban y secuestraban regularmente los barcos en esa zona. Esa medida de seguridad, sin embargo, selló la perdición de los otros miembros de la tripulación.

En la oscuridad previa al amanecer, las olas arrojaron a Okene fuera del baño, vistiendo solo sus calzoncillos. El hombre estaba aturdido y todo estaba oscuro mientras era lanzado de un extremo a otro del pequeño cubículo, sin embargo, él tuvo más suerte que sus compañeros de tripulación. Encerrados dentro de sus camarotes dormidos, ninguno sobrevivió al hundimiento del barco.

Okene finalmente se apresuró a entrar en la oficina de ingenieros, donde encontró una pequeña bolsa de aire. Para entonces, el barco se había posado boca abajo en el lecho marino a una profundidad de unos 30 metros.

Casi desnudo, sin comida ni agua fresca, en una habitación fría y húmeda con un suministro de oxígeno cada vez menor, las probabilidades de supervivencia de Okene parecían casi nulas.

. . .

A través de una serie de extrañas coincidencias y sorprendente buena suerte, que podríamos atrevernos a llamar milagros, Okene sobrevivió. Otras personas que han quedado atrapadas bajo el agua tienen historias igualmente difíciles de creer sobre la supervivencia en condiciones casi imposibles.

Por ejemplo, en 1991, el buzo Michael Proudfoot estaba explorando un naufragio submarino frente a la costa de Baja California cuando accidentalmente rompió su regulador de respiración, perdiendo todo su suministro de aire. Al encontrar una bolsa de aire, Proudfoot supuestamente sobrevivió durante dos días con erizos de mar crudos y una olla pequeña que contenía un poco de agua fresca antes de ser rescatado.

Además de su pequeña bolsa de aire, Okene también descubrió una botella de Coca-Cola y un chaleco salvavidas con dos pequeñas linternas adjuntas.

Pero cuando Okene escuchó los sonidos de los tiburones u otros peces devorando los cuerpos de sus compañeros de tripulación, comenzó a perder la esperanza, según los informes.

. . .

La bolsa de aire que encontró Okene tenía, según su estimación, solo alrededor de 4 pies (1,2 m) de altura, y los humanos inhalan aproximadamente 350 pies cúbicos (10 metros cúbicos) de aire cada 24 horas.

Sin embargo, debido a que Okene estaba bajo presión en el fondo del océano, el físico y buceador recreativo Maxim Umansky del Laboratorio Nacional Lawrence Livermore (LLNL por sus siglas en inglés) estima que la bolsa de aire de Okene se había comprimido en un factor de aproximadamente cuatro, según un comunicado de LLNL.

Si la bolsa de aire presurizado fuera de unos 216 pies cúbicos (6 m cúbicos), calculó Umansky, contendría suficiente oxígeno para mantener vivo a Okene durante unos dos días y medio, o 60 horas.

Pero existía un peligro adicional: el dióxido de carbono (CO_2), que es letal para los humanos en concentraciones de alrededor del 5 por ciento. Mientras Okene respiraba, exhalaba dióxido de carbono y los niveles del gas se acumulaban lentamente en su diminuta cámara de aire.

. . .

El dióxido de carbono, sin embargo, también es absorbido por el agua, y al salpicar el agua dentro de su bolsa de aire, Okene incrementó inadvertidamente la superficie del agua, aumentando así la absorción de CO_2 y manteniendo los niveles del gas por debajo del nivel letal del 5 por ciento.

Otro riesgo de Okene era la hipotermia, que ocurre cuando la temperatura central de una persona desciende a 95 grados Fahrenheit (35 grados Celsius) o menos. La hipotermia puede provocar confusión, trastornos del movimiento, amnesia y, en casos graves, comportamientos inusuales como "excavación terminal", en la que una persona lucha por encontrar un refugio pequeño y cerrado, no muy diferente a un animal en hibernación.

Eventualmente, la muerte puede resultar de una hipotermia extrema. Incluso en agua tan tibia como 60 grados Fahrenheit (16 grados Celsius), una persona podría perder el conocimiento en dos horas, según la Universidad de Minnesota.

Pero una vez más, la suerte estuvo con Okene: pudo diseñar una pequeña plataforma con un colchón, que lo mantuvo justo por encima del nivel del agua. Si su cuerpo hubiera estado expuesto al agua helada del océano, Okene habría muerto en cuestión de horas.

Un video dramático muestra el momento en que los buzos de rescate, que estaban buscando cuerpos y ya habían encontrado cuatro, vieron una mano humana que les señalaba a través de una abertura en el naufragio.

Después de unas 60 horas bajo el agua, Okene estaba llegando al final de su suministro de oxígeno.

Él tuvo suerte de sobrevivir principalmente porque una cantidad suficientemente grande de aire atrapado estaba en su bolsa de aire, no fue envenenado por el CO_2 después de pasar 60 horas allí, porque se mantuvo en niveles seguros, y podemos especular que fue ayudado por el agua del océano sellando su recinto.

Después de casi tres días de esperar desesperadamente, orar y recordar a familiares y amigos, los buzos de rescate finalmente llevaron a Okene a la superficie en una cámara de descompresión. Sin embargo, no tenía idea de cuánto tiempo había pasado.

. . .

Cuando salieron, Okene vio las estrellas en el cielo y pensó que debía haber estado en el agua todo el día. Fue después de que salió de la cámara de descompresión que le dijeron que había pasado más de dos días allí. Para él, verdaderamente fue un milagro.

12

Reshma Begum

En 2013, Reshma Begum tenía 19 años y trabajaba como costurera cerca de Dhaka en el edificio Rana Plaza. Éste se derrumbó y dejó 1,100 trabajadores muertos. La búsqueda de sobrevivientes terminaba cuando los rescatistas escucharon a Reshma golpeando las ruinas. La habían enterrado durante 17 días. La joven madre encontró algo de comida y un poco de agua para mantenerse con vida.

Primero vino el colapso. A las 9 de la mañana, cuando comenzaba el día de trabajo, un sonido desgarrador y violento, nubes de polvo asfixiante, los gritos de los compañeros y finalmente el silencio.

. . .

Luego vino el fuego, la lluvia y 16 largos días en la oscuridad bajo los escombros, rodeada de los cadáveres en descomposición de sus amigos y colegas. El viernes llegó la esperanza…

Durante la mañana, Reshma Begum, costurera que trabajaba en el segundo piso de Rana Plaza en un suburbio de la capital de Bangladesh, Dhaka, escuchó a los rescatistas de cerca. Pero nadie la escuchó. Ella continuó golpeando los escombros con palos y varillas para llamar su atención.

Aproximadamente a las 3 de la tarde, Abdur Razzaq, un sargento del ejército desplegado para ayudar a buscar entre las 7,000 toneladas de escombros que eran todo lo que quedaba de Rana Plaza, percibió el leve sonido de golpes metálicos. Escuchó un sonido y corrió hacia el lugar. Se arrodilló y escuchó una voz débil. *'Señor, por favor ayúdeme'*.

La mujer había estado respirando a través de una tubería desde el interior de los restos y no había sufrido lesiones graves.

. . .

El colapso de la fábrica, en una zona industrial en las afueras de Dhaka, provocó críticas generalizadas de las autoridades locales, empleadores y minoristas internacionales como la británica Primark, a quienes les suministraban ropa las empresas que operan desde sus pisos superiores.

Aproximadamente dos tercios de los más de 3,000 trabajadores del edificio lograron huir. Pero hasta 1,500 pueden haber sido enterrados por los escombros. Con una cifra oficial de muertos de 1,050, los familiares y los rescatistas habían perdido la esperanza de encontrar a alguien más con vida.

Razzaq dijo que escuchó el golpeteo de Reshma después de que las excavadoras levantaron los escombros que cubrían el lugar. Los equipos de rescate la vieron de pie en el espacio entre una viga de hormigón y la losa.

La vida cotidiana en gran parte de la capital se detuvo cuando los habitantes de Dhaka vieron cómo se desarrollaba el rescate en vivo por la televisión local.

Las tensiones eran altas. Un intento anterior de rescatar a una mujer encontrada entre los escombros más de 100 horas después del colapso del edificio salió desastrosamente mal cuando las chispas de un molinillo encendieron un fuego, matándola y quemando fatalmente a un rescatista.

Durante una hora, los trabajadores utilizaron martillos ligeros, taladros y sierras para quitar varillas y bloques de hormigón. Otros rezaron. Finalmente, un ingeniero militar pudo subir al espacio donde Reshma había pasado dos semanas.

Luego, entre vítores de *"¡Dios es grandioso!"*, la joven, con el pañuelo rosa que había usado para trabajar hace más de dos semanas alrededor de sus hombros, fue sacada y colocada en una camilla. Se vio a los rescatistas secándose las lágrimas cuando una ambulancia se alejó y llevó a la joven a un hospital militar cercano.

Begum dijo a los rescatistas que había sobrevivido buscando galletas en las mochilas de colegas muertos y bebiendo agua de lluvia. *"Nadie me escuchó. Fue tan malo para mí.*

Nunca soñé que volvería a ver la luz del día", le dijo a la televisión privada *Somoy* desde su cama de hospital.

. . .

Ella le dijo al canal que había vivido de alimentos secos durante 15 días. *"Había algo de comida seca a mi alrededor.*

Los últimos dos días no tenía nada más que agua. Solía beber sólo una cantidad limitada de agua para guardarla. Tenía algunas botellas de agua a mi alrededor".

Se informó que la madre y la hermana de Reshma, Asma, corrieron al hospital para encontrarse con ella. Los oficiales del ejército que coordinaban el rescate dijeron que estaban asombrados por la fuerza de la mujer. *"Es increíble que alguien haya sobrevivido entre los escombros 408 horas después de la caída del edificio",* contaba el oficial del ejército Shah Jamal. *"Su voluntad de vivir es asombrosa".*

Nueve personas han sido arrestadas en relación con el desastre, incluido el propietario de Rana Plaza y los propietarios de las fábricas que albergaba.

Varios minoristas occidentales importantes estaban siendo abastecidos por fábricas ubicadas en el edificio. Primark y su homólogo canadiense, Loblaw, anunciaron que compensarían a las víctimas del desastre, el peor accidente industrial del mundo desde la fuga de gas de Bhopal en India en 1984.

. . .

El gobierno culpó a los propietarios y constructores del complejo de ocho pisos por utilizar materiales de construcción de mala calidad, incluidas varillas, ladrillos y cemento de calidad inferior, y por no obtener las autorizaciones necesarias.

Se descubrió también que el edificio se construyó en un terreno pantanoso. Se construyeron cuatro pisos entre 2007 y 2008, y cuatro más se agregaron más tarde. Un noveno piso estaba en construcción en el momento del colapso.

El edificio había desarrollado grietas el día anterior, pero los trabajadores preocupados se vieron obligados a permanecer adentro por los gerentes que amenazaron con reducir su salario de alrededor de £30 al mes.

Cuando se encendieron los generadores durante un corte eléctrico, que era un hecho frecuente en Dhaka, que padecía hambre de electricidad, el edificio se derrumbó.

Ha habido una serie de accidentes mortales en la industria de la confección de Bangladesh, que representa el

80% de las exportaciones del país y emplea a unos 4 millones de personas. Un incendio mató a ocho personas en otra fábrica de ropa en Dhaka la semana siguiente al derrumbe del edificio.

Más de 100 cuerpos más fueron encontrados entre los escombros del Rana Plaza el mismo día que rescataron a Reshma. La mayoría estaban tan descompuestos que el reconocimiento físico fue imposible.

Sigue existiendo una profunda ira tanto contra las autoridades como contra los empleadores. En ese momento, los trabajadores de la confección se manifestaron por mejores condiciones después del desastre y se enfrentaron con la policía. Pero todos recibieron con agrado la noticia de la supervivencia de Reshma.

Su rescate fue percibido como un verdadero milagro dentro de todo el caos que esta terrible negligencia desató.

13

Danie Pienaar

FUE ALREDEDOR del mediodía de un jueves de enero de 1998 cuando Danie Pienaar se encontró cara a cara con una mamba negra y su mordedura. Danie, ahora jefe de Servicios Científicos en el Parque Nacional Kruger, era un estudiante en ese momento y rastreaba rinocerontes blancos cerca del afluente Phabeni, al sur de Pretoriuskop.

El hombre recuerda que había cañas a su costado, cuando vio un movimiento marrón y de repente observó a la serpiente desaparecer entre las cañas.

Identificó la mamba negra, pero al principio no pensó más que en que era una serpiente enorme.

Danie estaba solo y vestía pantalones cortos. Siguió

avanzando por el afluente y apartando las cañas, cuando de repente sintió una fuerte sensación de ardor en el costado de la pierna, debajo de la rodilla.

Inconscientemente, supo que había sido mordido porque dos pasos después se detuvo para comprobar: encontró cuatro agujeros azul-violeta y una gota de sangre, lo que confirmó su peor sospecha.

Los primeros síntomas aparecieron rápidamente. Tenía un mal sabor de boca, casi como el metal, y "hormigueo" en las yemas de los dedos y los labios. Pronto empeoró y luego sintió "como si todo el vello de su cuerpo se hubiera erizado". No necesitaba mucho más, se dio cuenta de que el veneno estaba haciendo su daño. Al estar solo, lejos del *bakkie* y sin equipo médico a mano, Danie enfrentó decisiones desalentadoras.

Solo tenía una pistola, un cuchillo y el equipo de rastreo, estaba relativamente seguro de que no iba a llegar a ayudar a tiempo. Por un breve tiempo pensó en instalarse debajo de un árbol y escribir notas de despedida a amigos y familiares.

Afortunadamente, el deseo de sobrevivir ardía con más fuerza y decidió intentar llegar al bakkie.

· · ·

Si hubiera muerto allí, un equipo de rescate ni siquiera hubiese sabido por dónde comenzar a buscarlo. Mientras tanto, intentó, sabiendo que no era lo correcto, abrir las marcas de la mordedura con el cuchillo, con poco éxito. Se ató el cinturón alrededor de la parte superior de la pierna y, con el torniquete en su lugar, anotó rápidamente lo que le había sucedido. Dejando todo lo demás atrás, tomó su arma y brújula y se aventuró de regreso al bakkie.

Fue extremadamente difícil para Danie, el hombre deliberadamente se obligó a caminar y respirar lentamente para tratar de disminuir los latidos de su corazón.

Estaba sudando mucho y en ese momento tenía una visión de túnel cuando el veneno atacaba los músculos más pequeños. Finalmente llegó al bakkie e intentó la ruta más cercana a una carretera turística, utilizando las brechas cortafuegos y, varias veces, estuvo a punto de quedarse atascado en los arroyos.

Hasta el día de hoy, Danie se pregunta si ese había sido un plan inconsciente.

. . .

Al llegar a la carretera turística, no pudo encontrar a nadie y fue cerca de Shaben Koppies donde pasó el primer automóvil. Las dos damas y un caballero que lo encontraron, lo llevaron rápidamente a Pretoriuskop, donde encontró al guardabosque Tom Yssel. Danie explicó lo que había sucedido y recuerda cómo Tom le dijo a su esposa: *"Una mamba negra ha mordido a Danie"*, sin pensar que su hijo mayor también se llama Danie, y ella pensó que se refería al niño.

El médico de Skukuza les aconsejó que fueran a Nelspruit, pero que no había helicóptero disponible y tenían que ir en coche. El viaje a Nelspruit, en el auto de un amigo de Tom, se realizó en un tiempo récord, con una escolta policial por White River ayudándolos. Llegó al hospital unas dos horas después de la picadura. Para entonces, los síntomas se habían intensificado, pero aún podía comunicarse lo suficiente como para contarles a los médicos lo que había sucedido.

Debido al período de tiempo, se mostraron escépticos y le dijeron que sería 'monitoreado cuidadosamente'. Danie cuenta que incluso su padre, al hablarle por teléfono, trató de convencerlo de que no era una mamba negra lo que le había mordido.

. . .

Cuando los médicos le quitaron el torniquete, su estado se deterioró rápidamente. De repente, no pudo tragar, y su discurso se torció. Trató de decirle a Tom que no apagara las máquinas, mientras recordaba cómo un experto en serpientes en Magaliesburg tuvo una experiencia en la que pudo escuchar a las personas contemplando apagar el soporte vital porque pensaban que estaba en coma.

Los médicos lo pusieron en el ventilador y quedó brevemente inconsciente. Cuando volvió en sí, estaba completamente paralizado, pero podía tocar, oír y ver todo. *"Solo podía ver si levantaban mis párpados para revisar mis pupilas, pero no había nada malo en mi vista"*, dijo.

Era la misma situación que el hombre de Magaliesburg.

Estaba inmovilizado en la cama y recuerda cómo su sudor empapaba las láminas de plástico del hueco de su cama. El ventilador estaba encendido y se estaba congelando, pero no podía hacer nada. A las 18:00 de esa noche, su amigo Dewald Keet lo visitó. Instó a Danie a que intentara darle una indicación si podía oír algo.

Con gran dificultad logró mover levemente un pie, lo que afortunadamente notó Dewald. Entonces se dieron cuenta de que no estaba en coma. Lentamente, recuperó más función muscular, ya que las moléculas de veneno fueron expulsadas de su sistema. A la mañana siguiente habían llegado sus padres. Todavía estaba conectado al ventilador y no se había recuperado por completo de la parálisis.

Para Danie, el estar conectado al ventilador con un tubo grueso en la garganta fue la peor parte físicamente. Le quitaron la tubería el sábado y el lunes se fue a Pretoria al cuidado de sus padres. Nunca recibió ningún anti veneno. Aparte de la sudoración que continuó durante algún tiempo y las marcas de mordeduras que permanecieron moradas durante un tiempo, Danie no sufrió ninguna consecuencia.

¡En su primer día de regreso al campo, lo primero que encontró fue una mamba negra en el camino! Unos meses más tarde le contó la historia a un amigo, quien resultó que tuvo una experiencia similar poco después y pudo contarle al médico lo que había sucedido sin haber visto la serpiente que lo había mordido.

El médico, después de examinarlo e interrogarlo, le administró el antídoto que le salvó la vida.

. . .

Danie cree que sobrevivió por varias razones. En primer lugar, porque no era su momento para marcharse. El hecho de que se mantuviera calmado y se moviera lentamente definitivamente ayudó. El torniquete también fue fundamental.

"No fue fácil mantener la calma", cuenta constantemente Danie. *"Fue casi como si me desprendiera de mi cuerpo y estuviera hablando con otra persona todo el tiempo. También conocí a las serpientes y nunca les he tenido miedo"*, cierra. La experiencia no ha dejado a Danie con antagonismo hacia la mamba negra. *"Las serpientes no se comen a la gente. Estaba en camino y corté a la serpiente de donde quería ir"*.

14

Ada Blackjack

Cuando Ada Blackjack zarpó en 1921 hacia un punto remoto de tierra al norte de Siberia, la pequeña mujer Inupiat era una heroína poco probable del Ártico.

En su papel de costurera de una expedición compuesta por cuatro hombres y una gata llamada Vic, a Blackjack se le aseguró que durante su contrato de un año cosiendo equipo de supervivencia en la isla Wrangel, estaría bien alimentada y cuidada sin necesidad de participar en el agotador trabajo diario de la supervivencia del Ártico.

Pero para cuando un barco de rescate llegó a la cima del horizonte casi dos años después, Blackjack, que llegaría a ser conocida como "La Mujer Robinson Crusoe", era el único miembro del grupo que seguía con vida, es decir, aparte de Vic. La tímida sastre con el miedo paralizante de los osos polares había aprendido a disparar y atrapar para evitar la constante amenaza de la inanición, y cuando salió al encuentro de sus rescatadores con una reluciente parka de reno que se había cosido ella misma, su rostro demacrado mostraba una sonrisa triunfante.

Blackjack, de soltera Ada Deletuk, nació en 1898 en Spruce Creek, Alaska, un asentamiento remoto al norte del círculo polar ártico cerca de la ciudad de Nome, por la fiebre del oro. La historia la ha olvidado en gran medida, aunque la biografía de 2004 de Jennifer Niven, *Ada Blackjack: A True Story of Survival in the Arctic*, pintó una imagen completa de su vida. Si bien Blackjack era Inupiat, no se crió con ningún conocimiento de caza o supervivencia en la naturaleza. En cambio, fue criada por misioneros metodistas que le enseñaron suficiente inglés para estudiar la Biblia y que la instruyeron en las tareas del hogar, la costura y la preparación de la comida de los blancos.

A la edad de 16 años, se casó con Jack Blackjack, un criador de perros local, y juntos tuvieron tres hijos, dos de los cuales murieron, antes de que Jack abandonara Ada en la península de Seward en 1921. El hijo de Blackjack abandonado, llamado Bennett, a sus 5 años caminó 40 millas de regreso a Nome con ella. Cuando el pequeño estaba demasiado cansado para caminar, ella lo cargaba. El niño padecía tuberculosis y mala salud en general, y Blackjack carecía de los recursos para cuidarlo adecuadamente. Indigente, colocó a Bennett en un orfanato local, prometiendo que encontraría la manera de ganar suficiente dinero para traerlo de regreso a casa.

Fue durante este tiempo que Blackjack escuchó la noticia de una expedición que se dirigía a la isla Wrangel: estaban buscando una costurera nativa de Alaska que hablara inglés. La expedición, organizada por el carismático explorador del Ártico Vilhjalmur Stefansson, fue en el mejor de los casos una empresa mal concebida; en el peor de los casos, fue un acto deliberadamente negligente de asombrosa arrogancia.

Con el impulso de su celebridad como explorador experimentado, Stefansson reunió a un equipo de cuatro jóvenes deslumbrados por las estrellas: Allan Crawford, de 20 años, Lorne Knight, de 28, Fred Maurer, también de 28 y Milton Galle, de 19; para reclamar la isla Wrangel para el Imperio Británico, esto a pesar de que Gran Bretaña nunca había mostrado el menor interés en quererlo.

. . .

Aunque Stefansson eligió al equipo y financió la misión, nunca tuvo la intención de unirse al grupo él mismo y envió a su grupo, lamentablemente inexperto, al norte con solo seis meses de suministros y garantías vacías de que "el Ártico amistoso" proporcionaría un amplio juego para aumentar sus provisiones hasta que un barco los recogiera al año siguiente.

Blackjack tenía muchas dudas sobre el envío con una expedición de cuatro hombres, especialmente porque inicialmente le habían prometido que sería solo una de las muchas personas nativas de Alaska en el grupo. Pero los trabajos ocasionales de costura y limpieza que estaba haciendo en Nome nunca serían suficientes para llevar a Bennett a casa, y la expedición a la isla Wrangel prometió un salario de 50 dólares al mes, una cantidad que, para Blackjack, era una suma inaudita.

Y así, incluso después de que el resto de los esquimales contratados se retiraran, el 9 de septiembre de 1921, Blackjack abordó el Silver Wave con Crawford, Knight, Maurer, Galle y la gata del barco, Victoria (Vic).

Durante el primer año en la isla Wrangel, la tierra estuvo a la altura de las promesas de Stefansson, pero cuando el verano llegó a su fin, el juego que alguna vez fue abundante desapareció y el hielo se cerró sin señales de un barco. Sin que el grupo lo supiera, el "oso de peluche", el barco fletado para recogerlos, se había visto obligado a regresar debido al hielo impenetrable. A medida que cambiaba el tiempo, la expedición se enfrentó a la realidad de que sus inadecuadas tiendas tendrían que durar un año más.

A principios de 1923, la situación se había vuelto terrible: el grupo estaba hambriento y Knight estaba extremadamente enfermo con escorbuto no diagnosticado.

El 28 de enero de 1923, Crawford, Maurer y Galle tomaron la decisión de dejar Blackjack para cuidar a Knight quien estaba al borde de la muerte, y se dirigieron a pie a través del hielo hacia Siberia en busca de ayuda. Nunca se les volvió a ver.

Durante seis meses, Blackjack estuvo sola con Knight. Se desempeñó como "médico, enfermera, compañera, sirvienta y cazadora en uno", dijo el *Los Angeles Times* en 1924. "Ada también era leñadora". El moribundo proyectó sobre ella la rabia que sentía por su impotencia, y la criticaba constantemente por no cuidarlo mejor.

. . .

Blackjack no permitió exteriormente que sus golpes aterrizaran, pero confió en su diario: "*Él nunca se detiene a pensar en lo difícil que es para las mujeres ocupar el lugar de cuatro hombres, trabajar en madera y buscar algo para comer para él y esperar a su cama y sacar la shiad [excremento] para él* ".

Cuando Knight falleció, Blackjack registró debidamente el evento en la máquina de escribir de Galle, escribiendo:
"El daid de la muerte del Sr. Caballeros
Murió el 23 de junio.
Aunque no se a que hora murió
De todos modos escribo el daid. Solo para
informe al señor Steffansom en qué mes
murió y qué día del mes
escrito por la Sra. Ada B, Jack ".

Después del fallecimiento de Knight, Blackjack se negó a caer en la desesperación y, en cambio, se lanzó ferozmente a la tarea de sobrevivir para poder reunirse con su hijo. Al no tener la fuerza física ni la fortaleza emocional para enterrar el cadáver de Knight, lo dejó descansando en su cama dentro de su saco de dormir y erigió una barricada de cajas para proteger su cuerpo de los animales salvajes.

. . .

Como escribió Jennifer Niven en su biografía de Ada Blackjack, ella se mudó a la tienda de almacenamiento para escapar del olor a descomposición... instaló madera flotante en el suelo para reforzar las paredes y el techo andrajosos de la tienda. Construyó un armario con cajas, que colocó en la entrada, y en este guardó sus prismáticos y municiones. Lo más importante es que Blackjack construyó un estante para armas sobre su cama para que no la pillaran por sorpresa si los osos polares se aventuraban demasiado cerca del campamento.

Durante tres meses, Blackjack estuvo sola. Aprendió a colocar trampas para atraer a los zorros blancos, se enseñó a sí misma a disparar pájaros, construyó una plataforma sobre su refugio para que pudiera ver osos polares en la distancia y elaboró un bote de piel con madera flotante y lona estirada después del que inicialmente se trajo a la isla se perdió en una tormenta.

Incluso experimentó con el equipo de fotografía de la expedición, tomándose fotografías de ella de pie fuera del campamento.

El 20 de agosto de 1923, casi dos años después de aterrizar por primera vez en la isla Wrangel, la goleta Donaldson coronó el horizonte para rescatar a la perseverante costurera, que lo estaba haciendo bastante bien por su cuenta.

La mujer dominaba su entorno tan bien hasta el momento que parecía probable que pudiera haber vivido allí un año más, aunque el aislamiento habría sido una experiencia terrible.

Cuando se difundió la noticia del trágico final de la expedición, Blackjack se encontró en el epicentro de una oleada de atención de la prensa que la elogiaba como una heroína y la elogiaba por su valentía.

Pero la tranquila costurera rehuyó la atención y los títulos, insistiendo en que ella era simplemente una madre que había necesitado llegar a casa con su hijo.

Ada se reunió con Bennett y utilizó su pago, que era menos de lo que le habían prometido, de su tiempo en la isla Wrangel para buscar tratamiento para su tuberculosis en un hospital de Seattle. Más tarde tuvo un segundo hijo, Billy, y regresó a vivir a Alaska. Pero a pesar de este final aparentemente feliz, los años restantes de Blackjack estuvieron teñidos de tristeza y pobreza generalizadas.

· · ·

Mientras Stefansson y otros se beneficiaron de la historia de la trágica expedición, Blackjack no vio nada de ese dinero, y luego surgieron campañas de desprestigio contra su personaje alegando que ella se había negado cruelmente a cuidar de Knight.

Los problemas de salud de Bennett nunca se resolvieron por completo, y murió de un derrame cerebral en 1972 a la edad de 58 años.

Blackjack siguió a su hijo aproximadamente una década después, falleciendo en un hogar de ancianos en Palmer, Alaska a la edad de 85 años; fue enterrada al lado de Bennett. Hasta ahora, es difícil llegar a un acuerdo: ¿es su resiliencia un milagro, o una tragedia?

15

Jan Baalsrud

Era el año 1943 y Noruega estaba bajo ocupación alemana. El país escandinavo había sido neutral durante la totalidad de la Primera Guerra Mundial y mantuvo esta posición cuando el control de Hitler comenzó a apretarse en la Europa continental. Los políticos creían que una postura pacifista ayudaría a Noruega a evitar la mayor parte del impacto de esta nueva guerra como lo había hecho durante la Primera Guerra Mundial. Desafortunadamente, Hitler tenía planes diferentes.

Noruega ofrecía un atractivo bastión naval en el Atlántico norte, considerables recursos naturales y, por supuesto, una contribución simbólica al creciente imperio nazi.

Entonces, en abril de 1940, la Blitzkrieg llegó a Noruega. El país permanecería bajo su control hasta 1945.

. . .

Probablemente hayas oído hablar de la minoría noruega que dio la bienvenida a los nazis: el nombre de Vidkun Quisling se convirtió en un sinónimo conocido de "traidor" después de que su apoyo abierto a Hitler le valiera un puesto como jefe de estado. Sin embargo, muchos noruegos lucharon valientemente contra los alemanes como parte de grupos de resistencia clandestinos.

Norwegian Independent Company 1 fue una de esas unidades, y es más conocida *como Kompani Linge* en honor a su líder, el capitán Martin Linge.

Él y sus hombres fueron apoyados por el Ejecutivo de Operaciones Especiales Británico (SOE por sus siglas en inglés) y recibieron entrenamiento en Escocia antes de regresar a su país de origen para llevar a cabo redadas y misiones de sabotaje contra los nazis.

En marzo de 1943, un destacamento de cuatro comandos de Kompani Linge y otros ocho noruegos se embarcaron en la Operación Martin. El objetivo de esta operación era utilizar 8 toneladas de explosivos para destruir activos críticos en una base aérea alemana en la ciudad de Bardufoss en el norte de Noruega.

. . .

Durante los preparativos para esta peligrosa misión, uno de los comandos intentó hacer contacto con un miembro local de la resistencia, pero en un cruel giro del destino, terminó hablando con un comerciante con el mismo nombre. Algunos informes indican que pudo haber sido un impostor alemán, ya que ese hombre informó de inmediato la conversación a la Gestapo.

Al enterarse de que la Operación Martín había fallado, los doce hombres regresaron rápidamente al barco pesquero que estaba lleno de explosivos e intentaron escapar.

Trágicamente, eso también fallaría. Una fragata alemana interceptó el barco en un fiordo cerca de la isla de Rebbenesøya.

Los miembros de Kompani Linge tomaron la difícil decisión de volar su propio barco en lugar de entregarlo. Encendieron una mecha de retardo de tiempo, se amontonaron en un bote e intentaron escapar una vez más. Pero los alemanes abrieron fuego contra el bote, mataron a uno de los hombres y hundieron el barco. Diez de los hombres restantes fueron sacados del agua helada, entregados a la Gestapo y ejecutados. El último operativo, Jan Baalsrud, pudo evadir la captura.

Baalsrud, que entonces tenía 25 años, se había estado preparando para llevar a cabo un elemento de demolición submarina de la Operación Martin. Habría nadado en silencio hasta varios hidroaviones en la base aérea de Bardufoss y habría plantado minas de lapas magnéticas para destruirlos. Obviamente, nunca tuvo la oportunidad, pero es posible que su preparación para esta misión explique el primer paso de su supervivencia.

Cuando los alemanes abrieron fuego en el bote, Baalsrud se zambulló en las gélidas aguas del Ártico y nadó hasta la orilla. Empapado, helado y sin una de sus botas, se tambaleó por la playa y se escondió en un barranco. Los alemanes lo persiguieron.

Cuando un soldado se acercó a su posición, Baalsrud sacó su revólver Colt de punta chata y lo mató a tiros.

Después del anochecer, Baalsrud encontró a dos niñas que habían sido alertadas por el sonido del barco pesquero que explotaba haciendo eco a través del fiordo ese mismo día. En una entrevista de 2016 con el New York Times, Dagmar Idrupsen recordó ese día hace más de 72 años, diciendo que Baalsrud estaba helado y su uniforme estaba congelado. A pesar de esto, describió su sensibilidad, cortesía y actitud de agradecimiento hacia su familia mientras lo ayudaban.

Sin embargo, no se quedó mucho tiempo, sabía que tenía que seguir moviéndose para no poner en peligro a las personas inocentes que acudieron en su ayuda.

Durante las siguientes nueve semanas, Baalsrud fue objeto de una persecución nacional por parte de los alemanes. Pasó por el norte de Noruega como fugitivo, moviéndose con cautela de aldea en aldea y pidiendo ayuda a personas que podrían haberlo entregado fácilmente.

Nunca se instaló en un solo lugar y compartimentó estas interacciones negándose a revelar a quién había visitado anteriormente o adónde se dirigía a continuación. Su objetivo final era cruzar la frontera hacia Suecia, donde tendría más posibilidades de escapar a una nación aliada hasta que se cancelara la búsqueda.

Gracias a la amabilidad de sus compañeros noruegos, Baalsrud recibió comida, refugio, botas nuevas y vendas para sus pies congelados, y algunos esquís. Estos esquís le permitieron moverse más rápidamente, pero una tormenta de nieve repentina le hizo desviarse del rumbo. Sufriendo mucho por la exposición y la ceguera de la nieve, vagó hacia el pie del monte Jaeggevarre, un pico de 3,000 pies. Como si todo esto no fuera suficiente, una avalancha lo arrojó por la ladera de la montaña, dejándolo conmocionado y parcialmente enterrado en la nieve. Sus esquís habían sido destruidos y lo habían separado de su paquete de suministros.

En este punto, Baalsrud estaba delirando y alucinando, contando que escuchó las voces de sus once compañeros llamándolo.

Después de tres días de caminata, encontró el pequeño pueblo de Furuflaten y, por un gran golpe de suerte, el hogar de un miembro de la resistencia allí. Los residentes del pueblo lo escondieron en un granero con la esperanza de que se recuperara, pero la congelación de sus pies había progresado hasta el punto de que ya no podía caminar. Entonces, se coordinaron para transportarlo a otra isla, primero en una camilla oculta, luego en un trineo improvisado y finalmente en un bote de remos a través del fiordo.

Después de este viaje, los aldeanos dejaron Baalsrud en un cobertizo de 6 pies por 9 pies con algunos suministros, con la intención de regresar en unos días. En broma, llamó al cobertizo su "Hotel Savoy", en honor al hotel de lujo de renombre mundial en Londres.

Una vez más, llegó un clima impredecible, lo que retrasó el viaje de regreso. Baalsrud comenzó a ver signos de gangrena en sus pies dañados por la escarcha, por lo que esterilizó su navaja de bolsillo en la llama de una linterna e hizo lo que sabía que tenía que hacer. Se amputó por completo uno de los dedos gordos del pie y cortó la carne muerta de las puntas de varios otros.

Cinco días después, cuando la tormenta había amainado, los aldeanos cruzaron de nuevo el fiordo y llevaron a Baalsrud más adentro de las montañas.

Finalmente, lo dejaron nuevamente en una grieta de la roca donde permanecería nueve días más. Estos viajes de salto continuaron: cinco días en un lugar, diecisiete en otro. Dado que la propagación de la gangrena continuaba, se amputó el resto de los dedos de los pies y más tarde diría que contemplaba seriamente el suicidio.

Los miembros de la Resistencia pidieron ayuda a los miembros de la tribu nativa Sami, que usaron un trineo y renos para cruzar sigilosamente a través de Finlandia y Suecia, evadiendo las unidades alemanas en el camino. Cuando llegó a un hospital en Suecia, Baalsrud pesaba 80 libras. Allí pasó siete meses, engordando, recuperando la vista y aprendiendo a caminar de nuevo con los pies desfigurados.

Menos de un año después de llegar a Suecia, Baalsrud regresó a Escocia, donde entrenaría a otros miembros de la resistencia noruega y fuerzas aliadas junto al SOE británico.

Sin embargo, como también sucedió con otros supervivientes legendarios de la guerra, no se contentaba con vivir esta vida sedentaria mientras sus compatriotas seguían luchando.

Pronto viajó de regreso a Noruega para ayudar directamente a la resistencia y fue testigo de la liberación de su país cuando terminó la guerra.

Los británicos honraron a Baalsrud nombrándolo miembro de la Orden del Imperio Británico (OBE), y el gobierno noruego le otorgó la Medalla de San Olav con Rama de Roble. Se casó con una mujer estadounidense, formó una familia y se desempeñó como presidente de la Unión Noruega de Veteranos Discapacitados.

· · ·

Jan Sigurd Baalsrud murió en Oslo el 30 de diciembre de 1988. Tenía 71 años. Según sus deseos, sus cenizas fueron enterradas con Aslak Fossvoll, uno de los miembros de la resistencia noruega que lo ayudó en su viaje.

Su historia sigue viva a través de películas como *Nine Lives* (1957) y *The 12th Man* (2017), así como libros, documentales de televisión y una marcha conmemorativa que tiene lugar todos los años en Troms, Noruega. Es fácil considerar a su historia y todas las circunstancias que le rodearon como un interesante milagro.

16

Mauro Prosperi

Mauro Prosperi tenía 39 años cuando participó en el *Marathon des Sables* de 1994, una carrera de seis días y 250 km (155 millas) a través del Sahara, descrita como la carrera más dura de su tipo. Tras una tormenta de arena, el ex pentatleta olímpico se perdió en el desierto durante 10 días.

Lo que más le gustaba de correr maratones extremos era el hecho de que la persona que los realiza entra en estrecho contacto con la naturaleza: las carreras tienen lugar en hermosos escenarios como montañas, desiertos, glaciares. Como deportista profesional, Mauro no había podido disfrutar de este entorno porque estaba muy concentrado en ganar medallas.

. . .

Prosperi se enteró de la Marathon des Sables por casualidad. Ya se había retirado del pentatlón cuando un buen amigo le dijo que había un maratón increíble en el desierto, pero era un reto muy duro. A Mauro le encantaban los desafíos, así que comenzó a entrenar de inmediato, corriendo 40 km al día y reduciendo la cantidad de agua que bebía para acostumbrarse a la deshidratación. No pasaba mucho tiempo en casa.

Su esposa, Cinzia, pensó que estaba loco, la carrera es tan arriesgada que tienes que firmar un formulario para decir a dónde quieres que envíen tu cuerpo en caso de que mueras. La pareja tenía tres hijos menores de ocho años, así que su esposa estaba preocupada. Mauro trató de tranquilizarla. *"Lo peor que puede pasar es que me queme un poco con el sol",* le repetía.

Cuando Prosperi llegó a Marruecos, descubrió una cosa maravillosa: el desierto. Estaba hechizado. En estos días, el *Marathon des Sables* es una experiencia muy diferente, con hasta 1,300 participantes, es como una serpiente gigante: no te puedes perder incluso si lo intentas. Pero en 1994 solo eran 80 participantes, y muy pocos de los que estaban iban corriendo, así que la mayor parte del tiempo Mauro se encontraba solo.

Él siempre fue el primer italiano en llegar a la siguiente etapa y ponía una bandera en su carpa para que todos pudieran reunirse por las noches. Fue divertido. Las cosas salieron mal en el cuarto día, durante la etapa más larga y difícil de la carrera.

Cuando el grupo partió esa mañana ya había bastante viento. Habían pasado por cuatro puestos de control cuando Mauro entró en una zona de dunas de arena.

Estaba solo, los marcapasos se habían adelantado.

De repente comenzó una tormenta de arena muy violenta. El viento lo golpeó con una furia aterradora y lo tragó una pared de arena amarilla. Estaba cegado, no podía respirar. La arena le azotó la cara, fue como una tormenta de agujas. Comprendió por primera vez lo poderosa que podía ser una tormenta de arena.

Le dio la espalda al viento y se envolvió la cara con un pañuelo para evitar que la arena lo lastimara. No estaba desorientado, pero tenía que seguir moviéndose para evitar que lo enterraran.

Finalmente, se agachó en un lugar protegido, esperando a que terminara la tormenta.

. . .

Duró ocho horas. Cuando amainó el viento, estaba oscuro, así que durmió en las dunas. Estaba molesto por la carrera porque, hasta entonces, había estado en cuarto lugar. Pensó *"bueno, ahora no puedo ganar, pero aún puedo hacer un buen tiempo. Mañana por la mañana me levantaré muy temprano e intentaré llegar a la meta"*.

Tenía 36 horas para correr esa etapa de la carrera, ya que si tardaba un minuto más sería descalificado, por lo que todavía había una oportunidad. Lo que no podría haber imaginado fue cuán dramáticamente esa tormenta cambiaría todo a su alrededor.

Mauro despertó muy temprano con un paisaje transformado. No sabía que estaba perdido. Tenía una brújula y un mapa, así que pensaba que podía navegar perfectamente bien, pero sin puntos de referencia es mucho más complicado.

El hombre no estaba preocupado porque estaba seguro de que tarde o temprano conocería a alguien. *"¿Quién sabe cuántos otros están en la misma situación?"*, pensaba, *"tan pronto como vea a alguien, podemos formar un equipo y llegar a la meta juntos"*. Ese era su nuevo plan, pero desafortunadamente no funcionó.

. . .

Después de correr durante unas cuatro horas, subió una duna y todavía no podía ver nada. Fue entonces cuando supo que tenía un gran problema. Empezó a caminar, ¿qué sentido tenía correr? ¿Corriendo hacia dónde?

Cuando se dio cuenta de que estaba perdido, lo primero que hizo fue orinar en su botella de agua de repuesto, porque cuando aún estás bien hidratado tu orina es la más clara y la más potable. Recordó a su abuelo contándole cómo, durante la guerra, él y sus compañeros soldados habían bebido su propia orina cuando se les acababa el agua. Lo hizo por precaución, pero no estaba desesperado. Estaba seguro de que los organizadores lo encontrarían pronto.

Al correr el *Marathon des Sables* hay que ser autosuficiente, y él estaba bien preparado: tenía un cuchillo, una brújula, un saco de dormir y mucha comida deshidratada en la mochila. El problema era el agua. Les dieron agua fresca en los puestos de control, pero cuando llegó la tormenta solo le quedaba media botella de agua. La bebió tan lentamente como pudo.

Mauro era muy resistente al calor y fue muy cuidadoso. Solo caminaba cuando hacía frío, temprano en la mañana y luego nuevamente en la noche. Durante el día, cuando no caminaba, intentaba encontrar refugio y sombra. Llevaba dos sombreros, una gorra de béisbol con un gorro de lana rojo encima, para mantener la temperatura lo más constante posible. Afortunadamente, su piel era bastante oscura, por lo que realmente no sufrió quemaduras solares.

El segundo día, al atardecer, escuchó el sonido de un helicóptero que se dirigía hacia él. Supuso que lo estaban buscando, así que sacó su bengala y la disparó al aire, pero no lo vieron. Volaba tan bajo que Mauro podía ver el casco del piloto, pero él no lo vio, pasó volando.

El helicóptero, prestado por la policía marroquí, regresaba a la base para repostar. Desde 1995, debido a la experiencia de Prosperi, los corredores han sido equipados con el tipo de bengalas que usan en el mar, lo cual no les gusta, porque pesan 500 g, pero en ese momento las bengalas que tenían eran realmente pequeñas, no más grandes que un bolígrafo.

Sin embargo, él mantuvo la calma, porque estaba convencido de que los organizadores tendrían los recursos para encontrar a cualquiera perdido en el desierto. Todavía pensaba que tarde o temprano lo rescatarían.

· · ·

Después de un par de días se encontró con un morabito, un santuario musulmán, donde los beduinos se detienen cuando cruzan el desierto. Tenía la esperanza de que estuviera habitado, pero desafortunadamente no había nadie allí, solo un hombre santo en un ataúd.

Pero al menos tenía un techo sobre su cabeza, para él era como estar en casa. Evaluó la situación: no era color de rosa, pero el hombre se sentía bien físicamente.

Comió algunas de sus raciones, que cocinó con orina fresca, no con la orina embotellada que estaba guardando para beber; y de la cual comenzó a disponer al cuarto día.

El morabito se había llenado de arena de todas las tormentas de arena, por lo que el techo era muy bajo. Subió a la azotea para plantar su bandera italiana, con la esperanza de que cualquiera que lo buscara pudiera verla. Mientras estaba allí, vio algunos murciélagos, apiñados en la torre. Decidió beber su sangre. Agarró un puñado de murciélagos, les cortó la cabeza y aplastó su interior con un cuchillo, luego succionó la sangre.

Mauro comió al menos 20 de ellos, crudos.

. . .

Se quedó en el morabito unos días, esperando a que lo encontraran. Se dejó llevar por la desesperación solo dos veces. Una vez fue cuando vio el helicóptero, pero el piloto no lo vio a él. La segunda vez fue cuando vio el avión.

Llevaba tres días en el morabito cuando escuchó el sonido de un motor, un avión. No sabía si lo estaban buscando, pero inmediatamente encendió un incendio con lo que tenía, la mochila, todo, con la esperanza de que el avión viera el humo. Pero en ese momento llegó otra tormenta de arena. Duró 12 horas. El avión no lo vio.

Mauro sintió que esa era su última oportunidad de ser encontrado. Estaba muy deprimido. Estaba convencido de que iba a morir y de que iba a ser una muerte larga y agonizante, así que quería acelerarla. Pensó que si se moría en el desierto nadie lo encontraría, y su esposa no recibiría la pensión de la policía: en Italia, si alguien desaparece hay que esperar 10 años antes de que puedan declararlo muerto. Al menos si moría en ese santuario musulmán, encontrarían su cuerpo y su esposa tendría un ingreso.

No tenía miedo de morir y mi decisión de quitarse la vida surgió más por un razonamiento lógico que por la desesperación. Le escribió una nota a su esposa con un trozo de carbón y luego se cortó las muñecas. Se acostó y esperó a morir, pero su sangre se había espesado y no podía drenar.

A la mañana siguiente despertó. No había logrado suicidarse. La muerte no lo quería todavía, así que lo tomó como una señal. Recuperó la confianza y decidió verlo como una nueva competencia en su contra. Se volvió decidido y concentrado de nuevo. Estaba pensando en sus hijos.

Se puso en orden - Mauro el atleta había vuelto. Necesitaba tener un plan. Todavía le quedaba mucha energía, no estaba cansado. Como ex pentatleta, estaba acostumbrado a entrenar 12 horas al día y había entrenado bien para el *Marathon des Sables*, así que no se sentía demasiado débil. Y también tenía algunas tabletas energéticas.

Recuperó la fuerza y lucidez mental. Decidió salir del santuario y empezar a caminar de nuevo, pero ¿a dónde? Siguió el consejo que los tuaregs les habían dado a todos antes de iniciar la carrera: *"Si estás perdido, dirígete hacia las nubes que ves en el horizonte al amanecer, ahí es donde encontrarás vida. Durante el día desaparecerán, pero pon tu brújula y sigue en esa dirección".* Entonces decidió dirigirse hacia esas nubes míticas en el horizonte.

· · ·

Caminó por el desierto durante días, matando serpientes y lagartos y comiéndolos crudos; de esa manera también bebió. Hasta el día de hoy, Mauro cree que hay algunos instintos, una especie de *deja vu*, que se activa en una situación de emergencia: su cavernícola interior emergió.

Era consciente de que estaba perdiendo una cantidad increíble de peso: cuanto más caminaba, más suelto se sentía su reloj en la muñeca. Estaba tan deshidratado que ya no podía orinar. Afortunadamente, tenía un medicamento contra la diarrea que seguía tomando.

Sin agua, la muerte ocurre después de unos tres días en el desierto, ya que el cuerpo se seca rápidamente; en el mar, la gente puede sobrevivir de seis a siete días. Si en algún momento te encuentras en esta situación, recuerda no beber nada durante las primeras 24 horas para poner tu cuerpo en modo de supervivencia.

No se recomienda beber orina, ya que contiene sal y urea, por lo que en realidad te deshidratará aún más; el agua de mar es aún peor.

La digestión de proteínas utiliza más agua que otros alimentos, por lo que es mejor evitarla. Beber sangre puede ayudar, ya que es fácil de digerir y puede conservar el agua corporal: los sobrevivientes en el mar han bebido sangre de tortuga. Todas estas cosas, Mauro las aplicó.

Quería volver a ver a su familia y amigos, así que se concentró en eso. No tuvo miedo. Al mismo tiempo, comenzó a ver el desierto como un lugar donde la gente puede vivir. Pudo ver la belleza del desierto. Prestó mucha atención a cada rastro, incluso los excrementos secos le dieron pistas sobre en qué dirección ir.

Aprendió que hay comida a tu alrededor, si aprendes a mirar. Mientras caminaba por el desierto, comenzó a reconocer los lechos secos de los ríos donde crecían las suculentas, así que exprimía su jugo y lo bebía. Empezó a pensar en sí mismo como un hombre del desierto. Más tarde, un príncipe tuareg le dedicó un poema: según él, Mauro era un "elegido" porque sobrevivió tanto tiempo en el desierto.

Mientras tanto, los organizadores estaban buscándolo. Su hermano y su cuñado habían volado desde Italia para unirse a la búsqueda. Encontraron algunos de los rastros que había dejado atrás, como los cordones de sus zapatos. Llegaron al morabito y encontraron señales de él, pero estaban seguros de que buscaban un cuerpo.

. . .

Al octavo día Mauro se encontró con un pequeño oasis. Se acostó y bebió, sorbiendo lentamente, durante unas seis o siete horas. Vio una huella en la arena, así que supo que la gente no podía estar muy lejos. Al día siguiente, vio algunas cabras en la distancia, lo que le dio esperanza.

Fue entonces cuando vio a una joven pastora. Ella también lo vio y se escapó asustada. Después de nueve días en el desierto debía haber tenido un aspecto espectacular, estaba negro de suciedad. La niña corrió hacia una gran tienda bereber para advertir a las mujeres de que llegaba.

No había hombres en el campamento, habían ido al mercado, pero las mujeres lo cuidaron.

Fueron muy amables. Una mujer mayor salió de la tienda e inmediatamente le dio a beber leche de cabra.

Ella trató de darle algo de comida también, pero la vomitó. No lo dejaron entrar a la tienda porque era un hombre, pero lo pusieron en una alfombra a la sombra de su galería. Luego enviaron a alguien a llamar a la policía; les gustaba acampar cerca de las bases militares para protegerse.

· · ·

La policía llegó y llevó a Mauro a su Jeep. Lo llevaron a su base militar con los ojos vendados porque no sabían quién era él, pensaron que podría ser peligroso. Tenían pistolas y por momentos Prosperi pensó que lo iban a matar. Cuando se enteraron de que él era el corredor de maratón que se había perdido en Marruecos, le quitaron la venda de los ojos y celebraron. Descubrió que había cruzado la frontera hacia Argelia. Estaba a 291 km de rumbo.

Lo llevaron al hospital de Tinduf, donde finalmente, después de 10 días, pudo llamar a su esposa.

Lo primero que le dijo fue: *"¿Ya has tenido mi funeral?"*, porque después de 10 días perdido en el desierto, uno esperaría que cualquiera estuviera muerto.

Cuando lo pesaron en el hospital, había perdido 16 kg y pesaba solo 45 kg. Sus ojos habían sufrido y su hígado estaba dañado, pero los riñones estaban bien. No pudo comer nada más que sopa o líquidos durante meses. Le tomó casi dos años recuperarse.

· · ·

Cuatro años después estaba de vuelta en el *Marathon des Sables*. La gente pregunta por qué volvió, pero Mauro tenía la determinación de que, cuando comenzaba algo, quería terminarlo. La otra razón es que descubrió que no podía vivir sin el desierto. Para él, la fiebre del desierto existe, y es una enfermedad que absolutamente había contraído. Cada año vuelve al desierto para recibirlo, para experimentarlo.

17

William y Simone Butler

En abril de 1989, los Butler decidieron pasar algún tiempo en el mar en su barco de recreo de 40 pies llamado "Siboney". El plan era pasar unos días navegando por la costa de Costa Rica y tal vez hacer un poco de pesca, y todo parecía ir como debería. Salieron de su casa en Miami el 14 de abril y habían navegado todo el camino a través del Canal de Panamá, y ahora estaban en el Océano Pacífico. Una noche, mientras dormían, la pareja se despertó repentinamente con un fuerte golpe en el costado de su casco, seguido de cerca por varios más.

Los Butler saltaron de la cama y corrieron hacia la cubierta donde se quedaron en estado de shock al ver docenas de ballenas chapoteando a la luz de la luna. Solo podían ver cómo las enormes criaturas jugaban en el agua a su alrededor, probablemente sin darse cuenta del daño que podían hacer al barco de la pareja. No pasó mucho tiempo antes de que una de las ballenas golpeara el bote lo suficientemente fuerte como para romper el casco y hacer que el océano se precipitara hacia adentro.

Bill corrió escaleras abajo y trató de encontrar el agujero, empujando muebles y cajas fuera del camino para tratar de encontrar por dónde venía el agua, pero en poco tiempo se había inundado la mitad de la cubierta inferior y supo que el bote se había perdido. Gritando a Simone que preparara la balsa salvavidas, comenzó a reunir algunos suministros y envió varias señales de auxilio en la radio, pero ninguna de ellas se escuchó.

Su bote tardó menos de 15 minutos en hundirse y dejarlos flotando en la oscuridad en una balsa de 6 pies.

Como Bill era un marinero experimentado, sabía qué hacer en caso de que un barco se hundiera, por lo que tomó todo lo que debería tener.

La pareja ahora tenía nueve latas de comida, dos latas de galletas saladas y dos jarras de agua de 5 galones, así como algunas botellas pequeñas de agua y un poco de mantequilla de maní.

. . .

También lograron juntar un par de mantas y algunos aparejos de pesca, y la balsa tenía una linterna y 3 bengalas de supervivencia, por lo que su situación podría haber sido mucho peor. No estaban a más de 50 millas de la costa de Costa Rica, por lo que pensaron que el rescate no tardaría mucho en encontrarlos, pero ambos desconocían en ese momento que nadie escuchó sus llamadas de auxilio en la radio.

El racionamiento de alimentos comenzó de inmediato, y cada uno de ellos recibió una porción igual y pequeña. Sus nueve latas de comida y galletas solo les duraron 30 días, momento en el que pensaron que no estarían vivos por mucho más tiempo. Ambos mencionaron muchas veces en entrevistas lo frustrante que era ver barcos en el horizonte, porque resulta que estaban varados cerca de rutas marítimas populares, pero su pequeña balsa de 6 pies era imposible de ver a tales distancias.

Llenaban el agua potable con lluvia siempre que era posible, y debido a que la balsa tenía un dosel, la recolección era un poco más fácil. La comida era el verdadero problema y el equipo de pesca que Bill logró agarrar no tenía cebo. Arrastrarlo en el agua detrás de ellos no resultó útil y se hizo principalmente para aumentar la esperanza porque ambos pensaron que iban a morir de hambre en una balsa.

. . .

Cuando un barco se asienta en el océano, crea una superficie sumergida y una sombra, dos cosas que atraen a varias criaturas marinas. El área de la superficie y la sombra son atractivas para varias plantas y criaturas diminutas que a su vez atraen a animales más grandes, y así es exactamente como comenzó a llegar la comida. Un día, Bill simplemente se inclinó por un costado y agarró una tortuga que nadaba junto al bote, que la pareja comió sin dudarlo.

Se guardó una parte de la carne y Bill la usó como cebo para atrapar a los peces que nadaban debajo de su balsa. Logró pescar alrededor de un kilo por día y terminó comiendo la porción más grande ya que su esposa odiaba el pescado.

Simone estaba perdiendo una cantidad peligrosa de peso y odiaba la única fuente de alimento que tenían, y no fue hasta que Bill dijo *"¿Quieres morir? ¿Quieres volver a ver a tus hijos alguna vez?,* que decidió a hacer de lado su aversión, cortando trozos pequeños de pescado y diciéndose a sí misma que imaginara que eran pollo.

. . .

Durante las próximas semanas, las tormentas y los fuertes vientos golpeaban su pequeña balsa y la giraban constantemente en direcciones aleatorias, algo que les hacía muy difícil conciliar el sueño. A veces, las tormentas duraban días, pero no daban tanto miedo como los tiburones. Los que aparecieron eran bastante pequeños y solo estaban interesados en alimentarse de los peces pequeños que se refugiaban debajo de la balsa. Esto sucedía de vez en cuando y, por lo general, no era un problema, pero una noche apareció una manada de marsopas y comenzó un frenesí alimenticio.

Durante la noche, algo que se agitaba debajo de su bote abrió un pequeño agujero en el costado de su balsa, lo que provocó que el agua fluyera lentamente.

No pudieron encontrar el agujero en la oscuridad y pasaron las siguientes horas sacando agua de mar y empapándose en el proceso. Bill logró arreglar el agujero con un kit de reparación por la mañana, pero fue una lucha constante rescatar la pequeña cantidad que seguía filtrándose.

Después de ver un barco mercante que estaba mucho más cerca que los demás, los Butler dispararon su última bengala. El barco mercante lo vio y le devolvió la señal, pero por alguna razón simplemente zarpó y los dejó allí, un evento que devastó por completo la poca moral que les quedaba.

La pareja esperaba que su hija hubiera alertado a las autoridades que los buscarían, y ella sí llamó a la guardia costera y los reportó como desaparecidos, pero el problema era que nadie tenía idea de dónde buscarlos.

Los Butler yacían sin energía y después del incidente de la señal de retorno ahora habían perdido la esperanza.

Bill había perdido sus anzuelos de pesca y estaba improvisando un método nuevo, en el que usaría su caña para hacer girar el cebo en el agua y apuñalar a los peces con una lanza improvisada que hizo, pero en un intento un pez le causó una herida en la mano y estaba demasiado débil incluso para arrodillarse e intentarlo de nuevo.

Al día siguiente de tener que ver cómo se alejaba el barco mercante, los Butler yacían en su balsa esperando morir, cuando el débil estruendo del motor de un barco comenzó a hacerse cada vez más fuerte. Reunieron la energía para sentarse y vieron un barco de la guardia costera que venía directamente hacia ellos. Simone dijo más tarde en una entrevista cómo ambos rompieron a llorar y se quedaron allí llorando durante unos minutos.

El 19 de agosto finalmente llegó el rescate y los encontró a ambos en un estado lamentable. Ambos tenían llagas por el sol y el agua salada, con la espalda de Bills y las piernas de Simones especialmente mal, también habían perdido más de 50 libras y estaban muy desnutridos y deshidratados, pero al final nada se rompió o puso en peligro su vida de inmediato. Después de una corta estadía en el hospital y un período de recuperación mucho más largo, ambos Butler se recuperaron por completo.

Abby Sunderland

Mientras que otras chicas de 16 años pensaban en la noche de graduación, Abby Sunderland tenía un sueño diferente: convertirse en la persona más joven en dar la vuelta al mundo sin detenerse, sola en un velero de 40 pies. *"¡Ve a por ello!"* dijo su familia. *"¿Que estaban pensando?"* dijo el mundo.

Las bolsas para zanjas son una necesidad para cualquier marinero. A veces también se les conoce como bolsas de "abandono del barco", lo que quiere decir que están llenas de lo que quieras llevar contigo en una balsa salvavidas después de que cualquier viaje que hagas haya salido muy, muy mal. La bolsa de Sunderland, una bolsa de lona de vinilo amarilla diseñada para mantener su contenido seco incluso mientras está sumergida, fue heredada de su hermano Zac, que tenía 17 años y solo unos meses antes había terminado su propia circunnavegación del mundo de 13 meses.

El viaje de Zac había implicado paradas tranquilas en varios puertos y el drama suficiente (tormentas eléctricas, una herida en la mano y un breve susto pirata frente a la costa de Indonesia) para construir el carácter sin caer nunca en el desastre. Sunderland había puesto su mirada en una ruta de navegación más rápida y difícil que la de su hermano y esperaba completar su viaje sin detenerse.

Ante una multitud que incluía a varios cientos de personas y algunos equipos de cámara además de sus padres y seis hermanos, Sunderland zarpó de su puerto de origen, Marina del Rey, y se dirigió al sur hacia el Pacífico. Había llenado a su velero, *Wild Eyes*, con una sofisticada variedad de dispositivos de navegación y comunicación, además (entre otras cosas) algunos libros de texto, un iPod y varios cientos de libras de comida liofilizada.

. . .

Después de casi diez semanas de navegación, rodeó cómodamente la notoria punta del Cabo de Hornos en la parte inferior de Sudamérica, conocida históricamente entre los marineros como el "cementerio del mar" por sus vientos feroces y contracorrientes que provocan naufragios, convirtiéndose en la persona más joven de la historia en hacerlo solo. Le tomó otro mes detectar la costa de África, pero cuando lo hizo, tenía un piloto automático que fallaba y la obligó a desembarcar para reparaciones de emergencia en la ciudad sudafricana de Ciudad del Cabo, lo que la hizo degradar sus ambiciones y abandonar la parte "sin parar" de su intento de récord.

No obstante, Sunderland se mantuvo preparada para convertirse en la navegante en solitario más joven de la vuelta al mundo. Si tenía éxito, estaría superando a un puñado de otros adolescentes, incluido Zac, su hermano, que mantuvo el récord durante 42 días el año anterior a ella antes de que un chico británico llamado Mike Perham se lo arrebatara. Perham, a su vez, fue rápidamente superado por Jessica Watson, una alegre australiana de 16 años que terminó su viaje alrededor del mundo en mayo, logró hacerlo sin parar, y en un giro hecho para la televisión, supuestamente comenzó un romance con Perham a través de un teléfono satelital durante sus siete meses en el mar.

. . .

Doce mil millas y cuatro meses y medio en el propio viaje de Sunderland habían pasado, sin embargo, su suerte cambió.

En las profundidades del Océano Índico meridional, un tramo de agua casi inimaginablemente vacío e impredecible que se encuentra muy por debajo de Asia, en las latitudes heladas y en gran parte oscuras sobre la Antártida, la adolescente y su bote fueron azotados por una serie de tormentas importantes con vientos huracanados y olas del tamaño de edificios de tres pisos.

Mientras su yate se retorcía y se encabritaba en medio de las turbulentas olas de aguas bravas, mientras ráfagas de viento de 60 nudos derribaban el barco, cortando la cúpula del radar montada en el mástil; como el teléfono satelital que había estado usando para comunicarse con sus padres y el equipo de navegación de regreso a casa murió abruptamente, Sunderland se concentró en lo que tenía que hacer. Pero entonces el océano hizo una última demostración de su poder: una ola rebelde, una pared imponente de agua oscura, succionó el bote del adolescente por su cara y luego lo hizo rodar sin piedad.

El agua de mar helada brotó cuando Sunderland fue arrojada a través de la cabina del barco, golpeando su cabeza, perdiendo el conocimiento brevemente.

. . .

Al volver en sí, sintió que el barco se enderezaba, pero rápidamente se dio cuenta de que el océano se había tragado la vela mayor de su yate, rompiendo su mástil de fibra de carbono de 60 pies de alto como si fuera un trozo de paja.

A la deriva en la oscuridad en su bote paralizado, aproximadamente a 2,000 millas al este de Madagascar, 2,000 millas al oeste de Australia y a unas 500 millas al norte de las islas Kerguelen, un puesto volcánico controlado por Francia, Sunderland hizo lo único que pudo para aumentar las probabilidades de su supervivencia. Activó dos balizas de localización de emergencia, que automáticamente vectorizarían su ubicación y la enviarían vía satélite a los centros de rescate marinos de todo el mundo. El mensaje para su familia sería preocupantemente claro. Ella y su padre, Laurence, un carpintero de barcos y marinero de toda la vida, habían repasado el proceso más de una vez antes de que ella se fuera de viaje.

El uso de una EPIRB solo señalaría la coacción más extrema y provocaría una vorágine diferente.

En unas pocas horas, la angustia de Sunderland se había vuelto global, palpitando a través de los cables de noticias e Internet.

. . .

Los camiones de televisión pronto llegaron al plácido vecindario de California donde vivía su familia, los reporteros se agolparon frente a la puerta principal. Los programas de noticias de la red recortaron mapas que mostraban el vasto sur del Océano Índico en el indómito casi fondo del mundo.

Sin embargo, la propia Sunderland aún no podía saber nada de esto, sola y empapada, debajo de la cubierta en la cabaña furiosamente balanceada que había sido su hogar durante 138 días: una burbuja estrecha reforzada con Kevlar que había arreglado con calcomanías de tortugas marinas, dibujos animados y fotos grabadas de sus amigos y familiares. Sabía que podían pasar días o incluso semanas hasta que los rescatistas la alcanzaran.

Por necesidad, ella se centró simplemente en pasar.

Los padres de Abby perdieron el contacto por teléfono satelital con ella después de que ella les dijo que había sido derribada repetidamente por vientos de 60 nudos y olas de 50 pies, a unas 2,000 millas al este de Madagascar, pero rescatistas contactaron a Abby Sunderland después de que ella activó dos balizas satelitales de emergencia.

. . .

Se creía que una de las balizas estaba unida a un traje de supervivencia y estaba diseñada para ser activada por una persona en el agua o en una balsa salvavidas. Ambas balizas se activaron manualmente. Los equipos de rescate habían estado buscando contactar con el barco más cercano, a 400 millas de distancia.

Al final, la muchacha regresó a casa sana y salva, incluso bromeando sobre lo sucedido. La polémica se desató para muchos, por considerar que el permitir esta travesía a una niña de 16 años era ponerla en riesgo total. Al final, dentro de todo lo que pudo haber salido mal, de alguna manera Abby se mantuvo a salvo, ¿algo la cuidaba?

Conclusión

DESPUÉS DE ESTAS HISTORIAS, puedes elegir el creer o no en milagros, pero una cosa es cierta: muchas otras personas no tuvieron la oportunidad que los personajes de los que leíste tuvieron, ¿habrá alguna razón en específico? ¿Por qué ellos? ¿Alguien los cuida de alguna manera?

Puedes elegir llamarlos milagros, suerte, o circunstancias adecuadas; lo cierto es que es imposible no sorprenderte ante la destreza e inteligencia de Juliane Koepcke, la valentía de Mary Vincent, la resistencia de Reshma Begum o el ingenio y resiliencia de Ada Blackjack.

Puede que seas un/a apasionado/a de los deportes extremos, un/a investigador/a con mucha pasión o simplemente una persona normal dentro de las circunstancias equivocadas… Los milagros pueden suceder en cualquier parte del mundo, en cualquier lugar, a cualquiera que lo necesite.

Si actualmente estás en busca de un milagro, mantén la cara en alto y que estas historias te inspiren y recuerden lo importante que es el seguir adelante, ya que posiblemente llegará tu tiempo cuando menos te lo esperes.

Referencias

https://www.oprah.com/spirit/abby-sunderland-solo-sail-young-solo-sailors/all

https://bushcraftbuddy.com/william-and-simone-butler-66-days-stranded-on-a-raft/

https://www.bbc.com/news/magazine-30046426

https://www.offgridweb.com/survival/the-wwii-survival-story-of-jan-baalsrud/

https://www.atlasobscura.com/articles/ada-black-jack-arctic-survivor

https://www.krugerpark.co.za/krugerpark-times-17-black-mamba-bite-18070.html

https://www.theguardian.com/world/2013/may/10/bangladesh-survivor-reshma-begum

https://www.livescience.com/41688-how-to-survive-underwater-for-3-days.html

https://www.abc.net.au/news/2016-03-15/lincolnhall-mount-everest-climbing-boots-at-national-museum/7245172

https://www.theguardian.com/world/2012/feb/19/man-trapped-snowed-car-hospital

https://shouldersofgiants.com/2017/08/04/76-days-adrift/

https://www.theguardian.com/world/2015/nov/07/fisherman-lost-at-sea-436-days-book-extract

https://www.redbull.com/int-en/theredbulletin/joe-simpson-touching-the-void-interview

https://www.damninteresting.com/vesnas-fall/

https://www.ranker.com/list/mary-vincent-lawrence-singleton-case/laura-allan

https://www.latimes.com/archives/la-xpm-2010-jun-11-la-me-0611-abby-sunderland-20100611-story.html

https://www.theguardian.com/world/2010/jun/11/sailor-abby-sunderland-found-alive

https://abcnews.go.com/2020/story?id=6708240&page=1

https://qz.com/964065/this-is-what-happened-to-the-scientist-who-stuck-his-head-inside-a-particle-accelerator/

https://the-line-up.com/juliane-koepcke

https://the-line-up.com/miracle-in-utah-a-supernatural-story-of-survival

www.ingramcontent.com/pod-product-compliance
Lightning Source LLC
LaVergne TN
LVHW021716060526
838200LV00050B/2700